雪球

雪球投资经典

INDEX FUND
INVESTMENT STRATEGY

指数基金投资攻略

翁量◎著

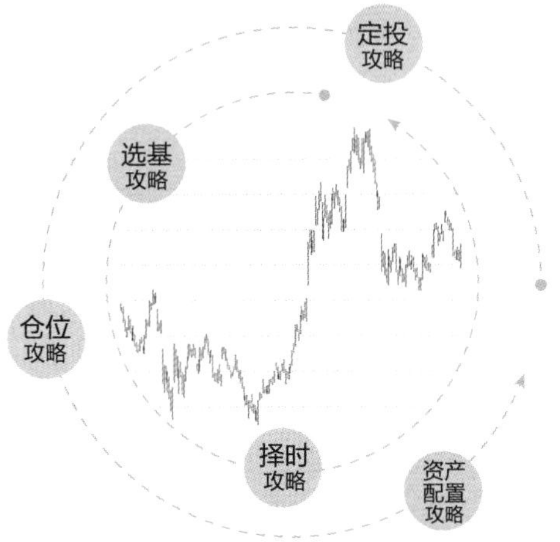

五大攻略▶助你玩转指数基金

中国经济出版社
CHINA ECONOMIC PUBLISHING HOUSE
·北京·

图书在版编目（CIP）数据

指数基金投资攻略／翁量著. --北京：中国经济出版社，2020.9（2021.5重印）
ISBN 978-7-5136-6333-5

Ⅰ.①指… Ⅱ.①翁… Ⅲ.①指数-基金-投资 Ⅳ.①F830.59

中国版本图书馆CIP数据核字（2020）第179166号

责任编辑　燕丽丽
责任印制　巢新强
封面设计　任燕飞

出版发行　中国经济出版社
印 刷 者　北京力信诚印刷有限公司
经 销 者　各地新华书店
开　　本　710mm×1000mm　1/16
印　　张　17.5
字　　数　210千字
版　　次　2020年9月第1版
印　　次　2021年5月第3次
定　　价　58.00元
广告经营许可证　京西工商广字第8179号

中国经济出版社 **网址** www.economyph.com **社址** 北京市东城区安定门外大街58号 **邮编** 100011
本版图书如存在印装质量问题，请与本社销售中心联系调换（联系电话：010-57512564）

推荐序

过去二十年，说起投资，人们谈论最多的就是房子，国人大部分家庭资产也都在房地产上。

随着我国经济结构的调整，以及“房住不炒”政策的出台，房地产行业已不再是中国经济的火车头，房地产投资的黄金时代一去不返。人们不得不把投资的方向移到其他地方，股市将会成为最好的投资渠道。

长期看，股市是经济的“晴雨表”，只要经济持续发展，投资股市肯定能赚钱。股票的背后是上市公司，买了股票，拥有的就是上市公司的股权，只要上市公司经营得好，买股票也肯定能赚钱。

放眼全球股市，A股又值得重点关注。

尽管中美摩擦和新冠疫情让未来的不确定性增加，但中国的发展脚步不会停下来，中国的经济总量还在持续增加，未来很有可能超越美国，成为世界GDP总量第一的国家。A股的总市值，也一定会同步增加。

同时，和发达国家相比，我国居民股票投资在家庭资产中的比例还很低。管理层也在积极引导和创造条件，让居民的钱和部分机构的钱流向股市，中国股市的发展空间还很大。

可是“理想很丰满，现实很骨感”。过去的二三十年，中国股民亏多赚少，始终没有逃脱被“割韭菜”的命运。

2020年以来，受疫情影响，市场出现剧烈波动，六七月又在刺激经济政策的影响下，出现了一拨小牛市，上证指数重回3000点以上，单日交易持续破万亿，新开户投资者明显增多。在这个过程中，投资者如果没有自己的投资体系和简单易行的投资攻略，只是在市场的上上下下中忙着进进出出，最终的结局可想而知。

怎么办？未来如果没有好的投资渠道，不投资股市，就无法分享中国经济发展的红利，手上的钱可能会缩水。投资股市，又不知买什么，怎么买，怎么卖。买不好，不会卖，赚不到钱，可能还会亏钱。

巴菲特曾说，通过投资指数基金，一个什么都不懂的业余投资者往往能够战胜大多数专业投资者。

也就是说，通过买指数基金来投资股市非常适合普通投资者，而且最好的投资方式是定投，这已成为不少人的共识。

但指数基金有很多，也会跟着市场波动，品种选择不对，定投的时机不当，或者不能长期坚持，不会择机止盈，也很难赚到钱。

翁量先生的新书《指数基金投资攻略》正是告诉大家如何投资股市，如何投资指数基金，可以解决大家的很多投资困惑。

这本书系统介绍了五大“基金攻略”：选基攻略、定投攻略、择时攻略、仓位攻略和资产配置攻略。这五大攻略，具有很强的实操性，书中还配有大量实际案例，普通投资者一看就能上手。

作者把五大攻略融入“道、法、术、器、势、志”六个部分的完整体系，进行了系统阐述，整个体系是作者多年成功投资实践的经验总结和深入思考的智慧结晶。

“道”是“价值投资之道”，解决的是投资理念问题。

“法”是“牛熊高度之法”，总结的是应对市场波动时的量化投资攻略。“牛熊高度”是翁量先生的独创，即通过一定的方法，计算出当下行情处在牛市和熊市中的具体位置。应用牛熊高度，管理好投资，控制好仓位，可以让普通投资者在低风险情况下，轻松获得超额收益。

“术”是“有效执行之术”，详解基金定投和价值波段的实战技巧。

“器”是“投资工具之器”，系统性地阐述不同指数基金投资品种的应用。

“势”是“影响股市之势”，从宏观和微观层面，多角度综合分析影响股市的不同趋势。

“志”是“成功修炼之志”，通过具体案例，剖析超越投资技能所需要的不同心志。

“道、法、术、器、势、志”，如同投资心法中的“六脉神剑”，值得大家长时间去学习、去修炼，进而形成自己的投资体系，成为能稳定盈利的高明投资者。

作为作者的朋友，一名长期参与股市的机构投资者，我很乐意把这本书推荐给大家，它不仅可以指导普通投资者的投资实践，对机构投资者，也会有很大的启发和帮助。

这是一本值得所有投身股市的投资者一读的好书，它提供了一套值得终身学习和潜心修炼的比较完备的投资体系。

我很喜欢翁量先生说的一句话："投资就是一场修行，我们结伴而行，成为高明的投资者，相信我们终将富有。"我也将这句话送给大家。

是为序。

华泰证券福州营业部总经理

刘必庆

2020 年 8 月 25 日

前　言

如果你想要通过投资基金来赚钱，你会怎么做呢？

问高手应该买什么基金。

从基金排行榜中选出长期收益率最高的产品。

选择低估的指数基金。

选择跑赢大盘的基金。

很抱歉，以上答案都不对。

假设你五一要去旅游，你应该考虑什么呢？考虑有什么好玩的景点吗？可能你会做一些攻略，包括当地有什么小吃，酒店订哪里，怎么订票，等等。但是，还有比这些更重要的事情，并且理应被排在第一位——那就是查看当地的天气预报。如果是暴风雨天气，那么你前面所做的各种攻略都是浪费时间。

其实，投资基金也是一样，很多人只关心"选基攻略"——买什么基金比较好。如果牛市即将见顶，比如 2007 年上证指数涨到 6000 点时，你还要买入吗？你要是买入，就会被套上几年，到 2019

年，上证指数还在2900点左右。

正确的做法是：选基之前，先看股市的“天气”——究竟现在是牛市还是熊市。“选基攻略”固然重要，但是还有4个攻略比这个更重要，它们分别是：“择时攻略”“定投攻略”“仓位攻略”和“资产配置攻略”。

在2017年底（上证指数在2016—2019年的高位），有两个统计数据，经常会被基金圈的人拿出来说事。

第一个统计数据，关于基金到底有没有上涨。有90%以上的基金成立以来面值是超过发行价的，其中偏股型基金在过去十年中，平均年化回报率达到15%。也就是说，大多数的基金都是上涨的，尤其是偏股型基金，还赚了不少钱。

第二个统计数据，关于有多少基金投资者赚到了钱。基金业协会给出的数字是30%。也就是说，大多数基金投资者都亏钱了。

这两个统计数据的结论：过去十年，绝大多数基金上涨了，而大多数基金投资者却是亏钱了。问题到底出在哪儿呢？

翁量认为，亏损的原因在于错误的“择时攻略”，也就是买卖基金的时间选择错了，既犯了熊市低位不入市的错误，又犯了牛市高位再入市的错误。数据表明，大多数投资者存在在牛市买基金、在熊市卖基金的行为。

好的“择时攻略”是在熊市中分批买入或者定投基金、在牛市高位时分批减仓基金。牛市高位卖出是为了更好地买入，熊市低位买入是为了更好地卖出。同时，我们还要做好“定投攻略”“仓位攻略”“资产配置攻略”。高效的“定投攻略”是熊市低位定投金额大、牛市高位定投金额小或暂停定投。合理的“仓位攻略”是熊市低位重仓基金、牛市高位轻仓或空仓基金。优秀的“资产配置攻略”是熊市低位配置激进型投资组合、牛市高位配置稳健或保守型投资组合。

也许你会说，长期持有指数基金，最后总会上涨。所谓长期持有指数基金，到底需要多长时间？如果你持有10年，指数基金还不赚钱，还会继续坚持吗？如果再坚持5年或者10年，仍然没有赚钱，还会继续坚持吗？

从1990年开始到2018年，A股走出了5轮牛市和熊市，见图0－1。

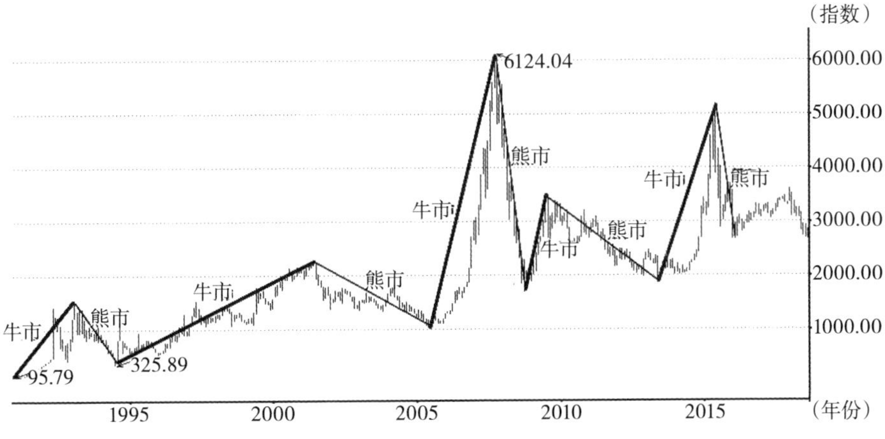

图0－1　上证指数K线（月线）

如图0－1所示，如果长期持有指数基金不动的话，就会在牛市和熊市中来回坐“过山车”，结果是“竹篮打水一场空”。那究竟怎样才可以避免这种事情呢？唯一要做的就是发挥“仓位攻略”和“资产配置攻略”的组合优势：在熊市低位重仓，多配置偏股型基金（如指数基金）；在牛市高位轻仓或空仓，并且多配置稳健的投资品种（如固定收益类品种）。

如何知道当下是牛市还是熊市？这于很多人来说是超级大难题。为了解决这一难题，翁量创建了牛熊高度指标，可以测量牛市和熊市的阶段。利用这套指标，可以做到看大势挣大钱、辨别牛熊再投资。这正是本书的重点内容。在此基础上，我们可以结合使用五大攻略："选基攻略""定投攻略""择时攻略""仓位攻略"和"资产配置攻略"来进行基金投资。

我们要如何才能做好这五大攻略呢？翁量总结出一个投资方法的"基本功"体系，并把该投资体系分为六大项：道、法、术、器、势、志。投资，就是一个"明道、遵法、优术、活器、取势、修志"的过程。

一、"道"是"价值投资之道"

"道"是天道，是亘古不变的规律，也是投资中的核心思想、本质规律。翁量从基金投资盈利底层逻辑的6个"天道"开始阐述：

①大多数中产阶级长期财富增长率大于2倍的国内生产总值（GDP）增长率，这应该也是基金投资者的目标。

②只有具有长期思维才有可能做好基金投资。

③基金是由一揽子股票组成的。投资基金也应该采用投资实业的眼光。选择基金的关键是：选择一揽子都是好股票的指数基金。

④投资指数基金也必须懂得价值投资。只有理解股价和估值的关系，理解安全边际，我们才能控制投资风险，提高投资收益率。

⑤我们从股价公式（股价 = 市盈率 × 每股收益）中，得出投资指数基金的盈利逻辑。首先，我们赚的是企业的经营收益。其次，我们赚的是企业市盈率的变化。只要在低位（市盈率低）时分批买进，不仅长期可以赚钱，而且短期1～3年也可以赚钱；只要买入时

市盈率足够低，就能够赚到丰厚的收益。

⑥稳健投资者在越接近熊市低估位置，进入股市的资金应该越多，也就是仓位越大；在越接近牛市高估位置，进入股市的资金应该越少，也就是仓位越小。没有进入股市的资金要怎么处理呢？这时就涉及资产配置的问题。翁量重点阐述了应变定投比例。这一策略并不遵循某一特定比例的调仓规则，而是依据市场状况来研判适时应变，调整大类资产配置比例。

如上6个底层逻辑，是一个基金投资者获得成功不可缺少的基础思想。

二、“法”是“牛熊高度之法”

对绝大多数投资者来说，“知道”很容易，但“做到”非常难。比如我们都知道巴菲特常常说的一句话：“在别人恐惧时我贪婪，在别人贪婪时我恐惧。”可是，到底什么时候别人在恐惧，什么时候别人在贪婪呢？这种太过于艺术的道理，没有几个人能判断对，更说不上能做到。

无法量化的东西，不可管理；无法量化的投资，不可持续盈利。投资要获益，实现熊市买、牛市卖，就要计算出当下行情处在牛市和熊市中的具体位置。翁量自创了“牛熊高度”来描述这个位置，并阐述如何建立牛熊高度和使用牛熊高度，从而管理好投资。

三、“术”是“有效执行之术”

“术”是以“道”和“法”为原则，是我们在具体投资过程中执行既定方法时，所需要的技术分析技能，即指数基金的实战技巧。这里翁量把指数基金投资的操作分为两类：第一类就是未入市的资金如何入市，常用的方法是基金定投，翁量把管理未入市的资金称为管理“新兵”；第二类就是已经入市的基金资产要如何管理，翁量把这类称为管理“老兵”。

管理“新兵”最常用的就是“指数基金的懒人定投法”，但是这种定投方式并不完美，简直太粗糙了。所以翁量开发出一种更科学的定期不定额定投方式，就是“度本定投法”。我们将牛熊高度33%的位置设为基础标准，牛熊高度大于33%，定投比例少于100%，牛熊高度小于33%，定投比例大于100%，这样多年下来，平均成本就锁定在牛熊高度33%的位置。长期来说，这种策略产生的收益是定期定额收益的1.5倍。其次，由于选择的投资品种可以跑赢市场33%，最后我们能够获得别人收益的2倍。

管理“老兵”采用“价值波段法”。使用价值波段时，常用到一个技术就是趋势分析。价值投资是道，技术分析是术；技术分析的一些方法可以提高价值投资的收益。

四、“器”是“投资工具之器”

翁量把与指数基金投资有关联的“器”分为5种：低估值的指数基金、绩优股的指数基金、固定收益类品种（做资产配置时会用到）、自建指数增强组合和指数衍生品投资。后文将系统性地阐述各种指数基金投资品种的应用。

五、“势”是“影响股市之势”

在实际投资过程中，我们不能死板照搬一些理论和方法，应该根据不同的股市行情，因地制宜，调整我们的投资策略。能够影响股市走势的因素，翁量称之为“势”，而且分为6种“势”：判断政策的来势、辨别媒体的声势、跟踪行情的趋势、预测未来的走势、散户进出的姿势和预测板块的强势。

六、“志”是“成功修炼之志”

在股市中，盈利一年翻3倍的有很多人，但是5年翻1倍的寥寥无几。翁量把投资中的“志”分为6种：在熊市中要定心定志、在牛市中要淡泊明志、在选择中要人各有志、在执行中有不拔之志、在规划中有宏图大志、在修炼中有平生之志。

翁量历经多轮牛熊市后，于2013年研究出适合普通投资者的牛熊高度指标和度本定投比例。牛熊高度指标能量化管理基金仓位，做到牛市高位轻仓，熊市低位重仓，还能在振荡行情中赚波段的利润。用度本定投比例，能在熊市低位多定投，牛市高位少定投或暂停定投，使投资成本降低33.3%，投资收益提高50%。翁量也用自身近10年的投资经历，实战证明了这一投资方法的有效性。相关投资记录均可通过微信公众号“翁量攻略”进行查询。希望本书可以帮助更多的投资“小白”自我超越，实现财务自由。

目　录

1

道：打通指数基金投资的底层逻辑

1.1

实现财务自由需要多高的投资收益率

你是否思考过人生应该更加丰富多彩？如果工作不顺心，你敢立刻辞职吗？如果创业累了，你敢停下来休息吗？如果不工作，你的生活有保障吗？还可以让自己和家人衣食无忧地生活下去吗？你曾经的梦想是否已经实现了？

说到梦想，翁量相信很多人在年轻的时候，尤其在小时候，都有各自不同的梦想，但是随着年龄的增长，恐怕这个梦想早就被遗忘在岁月的角落。因生活压力太大，人们被迫变得麻木且现实。

什么样的状态属于财务自由

人生的意义就是实现梦想。期望梦想成真，首先你得拥有自由。自由不是你想干什么就干什么，而是你不想干什么就可以不干什么。满足一切自由的首要前提是实现财务的自由。

财务自由，即无须为生活日常开销而辛苦工作的状态。简单地说，一个人用来投资的资产，所产生的被动收入扣除通货膨胀因素之后，可以超过他的家庭生活开支。如果进入这种状态，就可以称之为财务自由。

假设你有 200 万元资金买固定收益类品种，每年获得 10 万元的利息收入，刚好可以覆盖家庭开销。这种状态算财务自由吗？其实不算，因为没有把通货膨胀考虑进去。实际上老百姓能感受到的通货膨胀率比固定理财品种的收益率要高。因此，如果你只投资固定收益品种，你的财富随着时间的推移，缩水会越来越严重。即便现在再有钱，将来也会变成穷人。想想以前的“万元户”，你就会对通货膨胀的威力有更加立体的认识。所以，我们要投资收益率更高的品种，这个收益率要大于固定收益类品种的收益率，也要大于通货膨胀率。

一名合格的投资者必须了解复利

复利是一种计算利息的方法。按照这种方法，利息除了会根据本金计算外，新得到的利息同样可以生息，俗称“利滚利”“驴打滚”或“利叠利”。计算利息的周期越密，财富增长越快。随着时间的推移，复利效应会越来越明显。

从图 1－1－1 中，我们可以看到巴菲特生命中的一些著名的里程碑性事件，例如 30 岁左右净资产达到 100 万美元，56 岁时其净资产突破 10 亿美元等。59 岁后，巴菲特的净资产攀升速度惊人。富可敌国的巴菲特 99% 的财富是在 50 岁以后赚到的！我们做不到他那样的成就，但我们可以学习他成功背后的两个关键因素：股市和复利。

巴菲特这样总结自己的成功秘诀：“人生就像滚雪球，重要的是发现很湿的雪和很长的坡。”其实，巴菲特是用滚雪球比喻通过复利的长期作用实现巨大财富的积累。“雪很湿”，用以比喻年收益率很高；“坡很长”，用以比喻复利增值的时间很长。

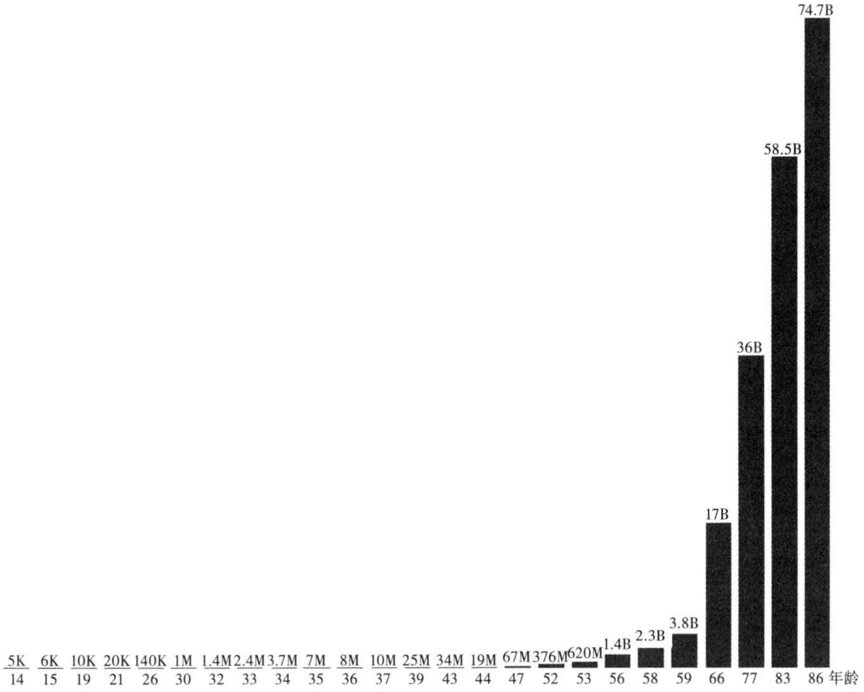

图1-1-1　巴菲特的财富净值随着年龄的增长而增长

注：K指千美元；M指百万美元；B指十亿美元。

短期发大财与慢慢挣钱

随着时间的延续，复利效应引发的倍数增长会越来越显著。稳健的投资者更应该追求长期复利收益。如表1-1-1所示，同样投资1万元，在不同复合收益率和期限下获得的回报差别非常巨大。

表1-1-1　相同投资额在不同复合回报率和投资期限下的收益　单位：万元

复合回报率	5年	10年	20年	30年
6%	1.338	1.791	3.207	5.743
8%	1.469	2.159	4.661	10.063
10%	1.611	2.594	6.727	17.449
12%	1.762	3.106	9.646	29.960

续表

复合回报率	5 年	10 年	20 年	30 年
16%	2. 100	4. 411	19. 461	85. 850
20%	2. 488	6. 192	38. 338	237. 376

坚持获得哪怕只有10%的复合收益率，30年财富将是初期投资额的17. 4倍。若以每年20%回报率计算，10年复利会令本金增值6. 2倍（1. 2的10次方），20年则增值达38. 34倍（1. 2的20次方），30年的累积倍数则达237. 38倍（1. 2的30次方）。如果本金为10万元，30年后就会变成2374万元之多。这就是复利的力量!

我们投资的最终目标是长期复利，而不是短期赚钱。1年赚3倍的股民有很多，5年赚1倍的股民却寥寥无几。这就是赚短期“快钱”和赚长期“复利”的区别。

对于聪明的投资者来说，在股市中最重要的不是学会如何赚钱，而是学会如何不亏钱，在此基础上再学习和追求如何获取确定性盈利，最后实现财富稳健复利增长。对于很多投资者来说，年化收益率达到10%还是有可能的，只要配置一些低估值优质蓝筹股，长期持有就可以实现。

牛市以后，很多人把复利收益率定为30%，甚至50%，这是典型的不理性的乐观主义。任何时候的超高收益率都不可能具有持续性，这种统计方法只能误导自己。在长期的投资过程中，一定不要忽视某些年度亏损对总体收益率或平均收益率的打击，况且在长期的投资过程中，熊市总是必然出现的。

投资，你要达到的收益率

那么，我们要实现财务自由，需要多高的收益率呢?

瑞士信贷银行发布的《全球财富报告2018》（*Global Wealth Report*

2018）数据显示，截至2018年中期的12个月内，全球总财富增加了14万亿美元，达到317万亿美元，增长率约为4.6%。

中国家庭的财富总规模以52万亿美元居世界第二，仅次于美国，高于日本。可以推算，中国成年人人均财富为47810美元，以6.9的汇率进行换算，大约是33万元人民币。2012—2018年，中国人均房地产财富的年均增长率约为20%，总财富年均增长率则为15%，而这几年中国国内生产总值（GDP）平均增速为7.14%。

表1-1-2　2012—2018年中国GDP增速（%）

年份	2012	2013	2014	2015	2016	2017	2018
GDP年度增长率	7.86	7.77	7.3	6.91	6.74	6.76	6.57

以上数据对比可以发现：中国人均总财富的增长率大概是中国GDP年均增速的2倍左右。所以，翁量认为：普通投资者想要“逆袭”，并实现财务自由，就需要保持长期财富增长率大于2倍的GDP增长率。当GDP增长率为6%时，我们的财富增长率应大于12%，否则随着时间的延长会变成穷人。穷人是指缺乏或相对地缺乏财富的人，并不完全是吃不饱、穿不暖、家境贫寒的人。家庭财富增长率没有达到这个水平，时间越久，幸福感和安全感会越低。

1.2

长期持有指数基金可实现财务自由

为了在长期实现个人财富增长率大于 2 倍 GDP 增长率，我们投资什么样的品种比较适合呢？目前市场上比较常见的投资品种大致有股票、基金、房地产、保险、债券、银行理财产品、外汇、期货、贵金属和艺术品，等等。

各项投资品的对比

我们从房屋租售比、人口老龄化程度和城镇化进程可以判断，房地产投资已经过了高收益的黄金期，它未来的收益率将大幅低于投资绩优股或绩优股基金。

保险是用来规划财务的一种工具，聪明的家庭总是未雨绸缪，提前为家人购买充足的重疾险、意外险、医疗险、寿险，从而避免陷入因病及应急而返贫的困境。一般投资者购买的带有理财特征的保险产品类似银行固定理财品种，其收益率比银行理财产品略高，但流动性往往比较差。因此，保险作为一种抵御未知风险的安全垫，应该被所有家庭重视，但是，并不是理想的投资品。

债券和银行理财产品，在本书中归类到固定收益类品种当中。固定收益产品是一种理财术语，其利率固定不变，目的是回避利率和汇率风险，是增加驾驭经济不稳定性能力和控制风险的手段。且固定收益类投资品种的真实平均收益率也大为逊色：长期政府债券的年平均真实收益率为3.6%，短期债券的年平均收益率则只有2.7%，黄金的年平均收益率只有0.7%，美元的年平均收益率为-1.4%。而外汇、期货、贵金属和艺术品只适合专业投资者，对个人投资者来说，风险巨大。

最后，再让我们来看看股票。无数的研究、数据都证实，股票是投资最好的选择。最广为人知的是美国沃顿商学院金融系教授杰里米·J.西格尔，在其著作《股市长线法宝》中，研究了1802—2002年美国股票、债券、短期国债、黄金及美元的收益情况。

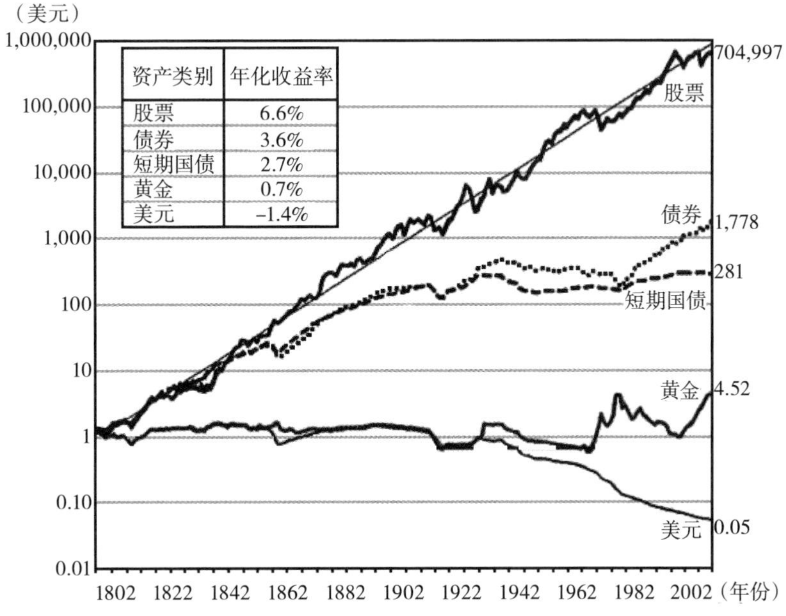

图1-2-1　1802—2002年美国股票、债券、短期国债、黄金及美元的真实收益

其中，股票可以理解为指数基金。因为在杰里米·J.西格尔的研究中，“股票”是指一揽子分散化的股票组合，与股票型指数基金相同，所以笔者在本书中用指数基金替代图中的“股票”。

图1-2-1的含义是，一位投资者在1802年将1美元分别投资于指数基金、长期政府债券、美国短期国债、黄金和美元，经过200年时间，指数基金上涨了70.4万倍，其年平均真实收益率为6.6%。这意味着，在过去的两个世纪，该指数基金的购买力大约平均每隔10年就翻一番。它反映了各类投资品种的长期投资回报率，告诉我们投资一定要选对品种，不但要有稳定的收益，而且要稳稳地跑赢通货膨胀率——而指数基金是最优选择。

然而，大多数人认为，美国拥有发达的经济和金融产业，是投资者的天堂，美国股市收益率自然该是全球最高的。其他国家的股票市场收益率也能达到这个水平吗？实际上，美国股票市场的优秀业绩不是一个特例，股票投资业绩优于固定收益类资产已经在各个国家都得到了验证。伦敦商学院的埃尔罗伊·迪姆森、保罗·马什以及麦克·斯丹顿研究了19个国家过去1个世纪指数基金和债券的回报率。研究结果显示：16个国家的指数基金回报率在剔除通货膨胀因素后仍然为正，而且这16个国家的指数基金回报率均高于他们国家的债券和国库券的回报率。

投资中国的A股也能取得同样的收益吗？

中国A股市场自1990年建立以来，到2018年已经走过28个春秋。中国企业创造出了优异的业绩，GDP从1990年的1.7万亿元增长到2018年的约90万亿元，20多年增长了50倍左右，推动上证指数28年上涨35倍，平均每年涨幅为12%，不仅高于美国标普500指数平均每年11%的涨幅，而且大幅跑赢中国的通货膨胀、债券和固定收益类品种。

很多人认为股市就是一个赌场，运气好的话，你可以在里面赢一把就走；运气不好的话，就是在刀口舔血了。事实上，赌场是一个零和游戏，输掉的钱永远等于赢得的钱，赌场本身并不会创造新的财富。然而，事实是，股市却因为实体经济的发展不断地创造新的财富。近30年是中国经济腾飞的30年，各行各业都产生了自己的龙头企业。上市公司中更是不乏格力电器、万科、云南白药、贵州茅台、伊利股份、苏泊尔、恒瑞医药等绩优股，它们给投资者带来成百乃至上千倍的投资回报，过去的年化收益率超过25%。这些绩优股的年化收益率远远大于2倍的GDP增长率。

投资上市企业就是支持实体经济。我们把资金投向优秀企业，帮助它们进行扩张和发展，当其利润再投资后，其规模就越来越大、利润也越来越多。这些企业的股价从长期来看，就形成了复利式的上涨，我们的投入也会得到相应的复利式回报。比如贵州茅台，2001年的净利润为3.12亿元，2017年的净利润为270.79亿元，年复合增长率为32.18%，股价年复合上涨34.85%。所以，股票是一种可产生复利的资产，以股票为基础的指数基金也是一种可产生复利的资产。

但是，做任何投资都有风险，我们都知道股市每月、每周、每个交易日都在波动，有波动就存在风险。那么指数基金的风险到底有多大呢？持有多长时间才没有风险？美国沃顿商学院金融系教授杰里米·J. 西格尔在其著作《股市长线法宝》中给出如下数据，如图1-2-2所示。

随着持有年限的增加，指数基金的最好和最坏的回报率差额明显减小。最坏的回报率是指在历史数据中投资者运气最差，既买在牛市的高位，又遭遇了最差的熊市。如果持有年限1年、2年或者5年，指数基金的风险比债券和国库券大，持有年限越短，风险越大；但是当持有年限达到10年时，最坏的指数基金回报率也开始比债券和国库券高；当持有年限超过17年后，最坏的指数基金回报率从来没有

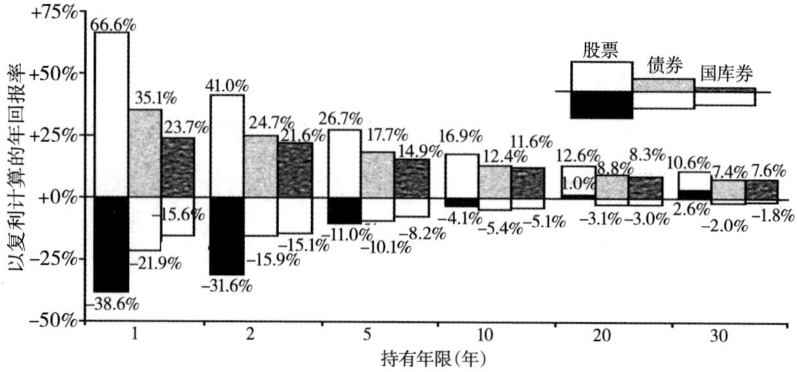

图 1-2-2 《股市长线法宝》中资产持有年限与回报率的关系

低于通货膨胀率。

A 股投资者为何输家遍地?

中国 A 股有一条铁律:“一赚二平七亏”,即十个人中只有一个人赚钱。为什么大部分进入股市的人最后都会“遍体鳞伤”?关键在于两个原因:

第一,国内投资者大多是以投机为主,喜欢打听内幕消息,追涨杀跌。当散户们追进股市时,往往就是个股行情的后半段;而当散户们割肉出局时,股票反而会出现大涨。

第二,很多投资者不懂“长期持有”。华尔街投资大师彼得·林奇说过,他赚钱的股票都是长期持有三到四年以上的;巴菲特曾经说过,如果你不打算持股 10 年,那么就 1 分钟也不要持有。

综上,翁量认为,投资的理想目标是实现长期财富增长率大于 2 倍 GDP 增长率。长期持有指数基金能够帮助我们实现这样的目标。所以,投资者要有以年为单位长期持有指数基金的心态和思想准备。但是本书的内容不限于此,本书的核心思想是用长线思维,通过牛熊市策略,尽量缩短实现投资目标的时间,并且降低风险。

1.3

用做实业的思维投资指数基金

指数基金上涨的本质

所谓指数基金，是指选择一个特定市场的指数进行跟踪和复制，根据指数的成分股来构造投资组合，使基金的收益与这个市场指数的收益大致相同，从而得到一个被动的投资于市场的基金。指数基金被人比喻成一只优秀的“大股票”，由一揽子股票组合而成。

指数基金跟踪和复制股票指数，股票指数又是什么呢？简单地讲，股票指数就是通过一定的方法，将某一股票市场中全部或部分股票的价格或收益率进行平均，从而得出一个反映整个股市涨跌情况的指标。举一个例子，指数基金“上证50ETF”跟踪上证50指数，上证50指数就是按照一定的标准从上海证券交易所上市的股票中选出50只，包括中国银行、中国石化等，再通过一定的方法把这50只股票的收益率进行平均，最后算出一个反映这些股票平均涨跌情况的指标。由此，我们通过观察上证50指数的变动情况，就可以了解这50只股票的平均收益。

所以，我们购买指数基金就等于同时购买了构成指数的成分股。很多基金投资者只研究指数基金本身，包括指数的估值、历史百分位和历史表现等。这些投资者看起来很专业，实际上只研究表象，没有研究指数基金的本质。指数基金的本质还是股票，认识到这个问题，就有机会让我们获得更高的收益率。

股票又是什么呢？股票是股份公司发行的，用以证明投资者的股东身份，并据以获取股息和红利的凭证。股票一经发行，购买股票的投资者即成为公司的股东。股票实质上代表了股东对股份公司的所有权。股东凭借股票可以获得公司的股息和分红。这句话的核心就是，股票是一种资产凭证，购买股票的投资者即成为公司的股东，拥有公司的一部分资产，简化来说，股票代表一种资产。因此，作为一揽子股票组合的指数基金，其上涨的核心就在于其中成分股企业的发展。

如何看待资产价格的波动?

在大部分人眼里，现金是资产，银行存款是资产，房子车子是资产，自家开的店铺更是资产，但是，并不把股票视为一种资产。更多的人把股票视为一种筹码。甚至有的人觉得买股票就是赌博，炒股就是一个贬义词，因为身边大多数人是亏损的。实际上，股票代表的资产，是上市公司实体资产和无形资产组合的一部分，同样受到法律保护和国家信用的支持，是实实在在的资产。持有指数基金就是实实在在持有资产。

至于股票价格波动，这世界上有什么资产的价格不波动呢？连批发市场的白菜价格都在不断波动。只不过有的资产的价格是每分每秒积极主动报给你看；有的资产的价格是你不去问、不去看，你不知道它已经发生变化了而已。

认识了股票是一种资产凭证，代表一份实实在在的资产的所有权，有什么意义呢？意义非常大！我们准备买入股票时，会像买资产一样谨慎，而且会把关买入的价格和卖出的价格，而不是像买赌博筹码一样任性而为，靠撞大运。

举个例子，一家庆丰包子铺老板准备转让其店铺。店铺情况如下：

过去 5 年每年净利润都在 30 万元左右，店铺现金流有 50 万元，设备价值为 50 万元，每年店铺租金、人工成本和其他成本总和为 100 万元。店铺转让出去后，经营要素保持不变。现在有几个人想买下这个店铺，最高出价达到 190 万元。如果你也喜欢这种净利润稳定的生意，那么你愿意出 200 万元买下吗？

如果你出 200 万元买下这家包子铺，每年的投资收益率是 15%，也就是 30 万元除以 200 万元等于 15%，15% 的收益率明显比固定理财收益高出很多。你觉得这个生意很划算，打算买下，并且长期持有这家包子铺，这种投资方式叫“价值投资”。价值投资就是实业投资眼光在股市上的应用，凡是买股票时把自己当成长期股东的都是价值投资者。价值投资要求回到初心，强调股票投资和实业投资的一致性。

从这个例子中，我们得出结论，投资股票要有做实业的眼光，这是价值投资的基本要求。而指数基金是由一揽子股票组合而成，所以投资指数基金也要以做实业的眼光来看待。

投资指数基金要注重成分股的企业利润。我们只有把成分股当作实实在在的资产，把自己当成成分股的企业股东，以做实业的眼光来投资指数基金，投资才会更加谨慎。虽然我们买入指数基金，其成分股只代表公司所有权的很小一部分，但是我们依然需要像买下成分股一样去审视它，这样才会去用心分辨买到的指数基金到底是不是优质资产。

从做实业的角度看指数基金，我们作为其成分股的企业股东，就要陪伴企业一起成长。企业的利润再用来扩张和发展后，这些企业的规模会越来越大、利润也越来越多，持有指数基金的收益也会越来越高。

假设前述庆丰包子铺第一年有 30 万元的利润，这个利润没有拿出来分红，而是用来扩张规模，因为规模大了，第二年的利润达 36 万元，也就是利润增长了 20%，如果每年利润增长 20%，那么 10 年后利润就增长到 185.75 万元，20 年后利润就增长到 1150.13 万元，30 年后利润就增长到 7121.29 万元。越到后期，每年的利润增长数额越大，庆丰包子铺自然也更值钱。

股价上涨核心的秘密就是企业利润再投入，从而不断提高企业的内在价值，推动股价不断上涨。如果指数基金的成分股都是类似庆丰包子铺这样的，指数基金价格也会不断上涨。投资者要以年为单位，并以股东的心态，长期持有指数基金，因为其成分股企业盈利和增长是需要时间的。

当我们从做实业的角度看指数基金，投资的本质就是寻找成分股是好生意、好公司、好价格的指数基金。巴菲特曾说过："买一只股票就意味着投资于一家企业，而你就相当于这家企业长期的伙伴，而且你投资的企业应该在其领域具有优势，从而能够保证企业在一定时期内维持较好的利润。短期来看，可能有些人比你赚的钱要多，但是只要你不赔钱，你的回报是持续且合理的，财富值才可能越来越大。"

巴菲特买进股票的时候，总是假设证券交易所数年不交易，他提出，如果你不想持有一只股票十年，那么一刻也不要持有。他是以实业经营的心态买进股票，而不是考虑持有几天、几周等待股价上涨抛出获利。因为他的持股时间长，所以在选择投资标的的时候非常慎重，他曾这样形容，假设你有一张打孔的卡片，你一生只能打 20 个孔，那么你每打一个孔都会很慎重的。

世界上最棒的成功秘诀就是：稳中求进，实现稳稳的幸福。我们只有持有成分股是优秀企业的指数基金，才能确保在漫长的投资生涯中耐得住寂寞、扛得住诱惑、经得住折磨、熬得过严冬、守得住春天，从而稳立不败之地。

在第 4 章，翁量将阐述如何选择指数基金。本节核心是帮助读者树立一个“要以做实业的眼光投资指数基金”的投资理念。耐心跟随指数基金成分股企业一同成长，往往会达到“慢即是快”的神奇效果，进而会踏上稳定的盈利之路。

1.4

投资指数基金必须懂价值投资

表面上我们投资的是指数基金，实际上我们投资的是指数基金的成分股，所以，投资指数基金也必须懂得价值投资。

古今中外，投资业绩能与巴菲特匹敌的大师没有几个。从短期来看，投资收益跑赢巴菲特的不在少数，但在投资“寿命”和财富量级上能够超过巴菲特的还没有出现过。巴菲特在六十余年的投资生涯中，不仅赚了富可敌国的个人财富，还创造了通过投资成为世界首富的传奇（2008 年成为世界首富）。在 53 年的时间里他管理的公司取得 9000 倍左右的涨幅。

无论多么厉害的人物，背后都有着伟大的老师，巴菲特的投资哲学源自三个非凡人物：格雷厄姆、费雪和查理·芒格。巴菲特曾经说过：“我的方法 85% 来自格雷厄姆，15% 来自费雪。”

巴菲特的第一位老师是本杰明·格雷厄姆。巴菲特 11 岁时就已经开始接触股票了，19 岁大学毕业后，他回到了家乡奥马哈，根据经纪人提供的股市行情报价，学习技术分析相关的书籍。直到有一天，他看到格雷厄姆的著作《证券分析》后顿悟——原来这才是真正的投资之道。

格雷厄姆作为价值投资理论的奠基人，他的投资哲学为“股神”巴菲特、“市盈率鼻祖”约翰·内夫、“指数基金之父”约翰·博格等大批顶级投资大师所推崇。如今活跃在华尔街的数十位资产规模上亿美元的投资管理人都自称为他的信徒。下面，我们就看看一代宗师都留给了我们哪些忠告。

厘清价格和价值的关系

传统价格理论认为，价格是价值的货币表现，即价值决定价格。由于受价值规律支配和其他因素影响，从某一次具体交易看，商品价格和它的价值往往是相脱离的；但从较长时间和整个社会的趋势上看，商品价格仍然符合其价值。同样，每家企业都有其内在价值，也就是说每家企业都有个合理的评估价值。但是，某企业的股票价格总会围绕着该企业的内在价值上下波动。

有着 70 多年投资经验的欧洲“股神”科斯托拉尼在他的著作《大投机家的证券心理学》中提出了著名的遛狗理论：人牵着一条很长的绳子遛狗，这只狗一会儿往前一会儿往后，有的时候眼看就要跑丢了，但主人一拉，它就乖乖往回跑了。只有极少数情况，狗跟人处于一个位置上。狗一会儿往前跑一会儿往后跑，跑出来的神奇曲线，就是股市的走势，而那个人就是价值。狗想怎么跑你是不可能知道的，但人要朝哪个方向走，你是非常清楚的，而且你知道，狗一定也会跟人擦肩而过。所以，我们只要记住人的位置，利用狗和人的错位来进行买入和卖出即可。

基本面分析是关键，但它也不是什么时候都有用，在熊市的末期和牛市的末期，基本面是无效的，那个时间点是情绪主宰市场。在遛狗理论中，“绳子很长”是表示狗和人的距离有的时候比较远，比如在牛市顶部最疯狂的时候，或者熊市底部最恐慌的时候，企业的股票价格大幅偏离其内在价值。虽然，价格有可能脱离价值，但是，从长期来看，无论价格上下波动范围多大，也都始终围绕着价值。也可以说，长期来看，股票价格会向“内在价值”回归；当股票价格低于内在价值时，就出现了投资机会。本书的主要内容也是探讨价格如何围绕价值上下波动，我们如何利用这种波动获得价值波段的超额收益。

安全边际，规避风险

格雷厄姆的安全边际理论是建立在一些特定的假设基础上的。格雷厄姆认为，股票之所以出现不合理的价格，在很大程度上是由于人类的惧怕和贪婪情绪。人们极度乐观时，贪婪使股票价格高于其内在价值，从而形成一个高估的市场；极度悲观时，惧怕又使股票价格低于其内在价值，进而形成一个低估的市场。对此，格雷厄姆提出，投资者们不要将注意力放在行情上，而要放在股票背后的企业身上，因为市场是一种理性和感性的掺杂物，它的表现时常是错误的，而投资的秘诀就在于当价格远远低于其内在价值时投资，等待市场对其错误的纠正。市场纠正错误之时，便是投资者获利之时。

有人将格雷厄姆的投资方式称为“雪茄烟蒂”投资法，也就是买便宜货，充分榨取仅剩的一点“烟蒂”里的利润，不过，单单这样讲是不准确的，安全边际才是格雷厄姆投资策略的真正核心。本质上，安全边际的作用是使投资者不必对未来做出准确的预测。如果安全边际较大，那么就足以保证投资者不会因为时间的变化而遭遇风险。

一般人认为在股市中利润与风险始终是成正比的，而在格雷厄姆看来，这是一种误解。格雷厄姆认为，通过最大限度地降低风险而获得利润，甚至是无风险而获利，这在实质上是高利润；在低风险的策略下获取高利润也并非没有可能。在前述庆丰包子铺的案例中，用200万元买下包子铺就属于低风险高收益，如果用2000万元买下包子铺就属于高风险低收益。高风险与高利润并没有直接的联系，往往是投资者冒了很大的风险，而收获的却只是风险本身，即惨遭亏损，甚至血本无归。投资者不能靠莽撞投资，而应学会理智投资，时刻注意对投资风险的规避。在本书后面章节中，我们来探讨如何通过低风险获得高收益，以及如何做到理性投资。

规划良好的投资组合

格雷厄姆认为，投资者应合理规划手中的投资组合，一般手中应保持25%的债券或与债券等值的投资，25%的股票，另外50%的资金可视股票和债券的价格变化而灵活分配其比重。当股票的盈利率高于债券时，投资者可多购买一些股票；当股票的盈利率低于债券时，投资者则应多购买债券。当然，格雷厄姆也特别提醒投资者，使用上述规则只有在股市牛市时才有效。一旦股市陷入熊市时，投资者必须当机立断卖掉手中所持有的大部分股票和债券，而仅保持25%的股票或债券。这25%的股票或债券是为了以后股市发生转向时所预留的准备。在本书第2章中，翁量将教你如何判断牛市和熊市，以及如何通过“牛熊高度”的量化方法来管理股票和债券之间的资产配置比例。

1.5

投资指数基金的两种盈利思维

投资股市的第一要务是：弄懂股市的“道”。许多投资者损失惨重的根本原因是，没有搞懂投资指数基金的盈利逻辑。

“指数基金之父”约翰·博格的理念

说到投资指数基金的盈利逻辑，我们必须提到指数基金的创立者约翰·博格。约翰·博格于1997年被《金融服务领导者》杂志评为20世纪全球7位“创新领导者”之一。其名望不仅在于他所掌控的先锋集团管理了28个各种类型的指数基金，拥有1500亿美元的资产，是理所当然的业界领袖；更在于他用自己的理念培育了指数基金，用毕生的努力将其理念付诸实践。

1999年，他在《共同基金常识》一书中系统阐述了自己的理念。在他的著作《投资稳赚》中，把股票的收益划分为两个部分：

①投资收益（企业经营收益），即年股息收益与年收益增长之和，也就是我们所说的企业“内在价值”变动；

②投机收益，即市盈率变动对股票价格的影响。

所以，企业经营和市盈率两个因素共同影响股票收益，也影响指数基金收益。这两个因素应该怎么理解呢？

企业经营与市盈率对股价的影响

首先，虽然单个企业的经营收益通常不是很稳定，但整个行业的平均收益却能保持相对稳定。整个国家的上市公司企业的平均经营收益就更加稳定，稳定性与整个国家 GDP 的稳定程度正相关。目前被境内外多家权威机构认为能综合反映中国股市整体表现的指数是沪深 300 指数。沪深 300 指数，由上海和深圳证券市场中规模大、流动性好、最具代表性的 300 只股票组成，从 2004 年 12 月 31 日开始计算。根据 Wind 数据，如果算上股息，到 2018 年 9 月，13 年 9 个月的时间，平均每年企业经营收益率大约为 13%。从短期和中期来看，绝大部分的股票和指数基金与沪深 300 指数是同向涨跌，只要在沪深 300 指数基金上能赚到钱，再研究如何选择跑赢沪深 300 的指数基金，我们会获得更多的收益。所以本书的前 3 章暂时以沪深 300 指数基金作为基础对象。在第 4 章我们再详细探讨如何选择跑赢沪深 300 的指数基金。

其次，市盈率又是什么概念呢？市盈率（PE）也称“本益比”“股价收益比率”或“市价盈利比率”，指在一个考察期，通常为 12 个月的时间内，股票的价格和该股上一年度每股收益的比率。计算公式为：

市盈率 = 股票价格 ÷ 每股收益

最直观的解释就是，在每股收益不变的情况下，你收回投资本钱需要经过几年。

下面翁量用简单例子来说明市盈率的意义以及它和股价的关系。

庆丰包子铺每股股票价格 20 元，总共 10 万股股票，2018 年总共盈利 30 万元。每股分到的利润就是 30 ÷ 10 = 3 元，也就是每股收益等于 3 元。因此，当年的市盈率 = 股价 ÷ 每股收益 = 20 ÷ 3 ≈ 6.67 倍。也就是说，我们投资 20 元买入股票，理论上 6.67 年就可以收回当初投资时的本金。

在股市中经常有类似这样的评论："这只股票估值过高""A 股估值已经很便宜了"，那么，什么是估值？我们知道，金融市场最基本的功能之一是价格发现，落实到股票市场，就是给上市公司所发行的股票定价，定价的核心就是估值。估值方法有很多种，市盈率估值法是相对简单可靠又比较好理解的一种估值方法，也是市场上比较常见的一种估值方法。

沪深 300 指数基金过去平均每年企业经营收益率大约为 13%，这个收益率短期（1～3 年内）变化不大。在这 1～3 年里市盈率变化量有多大呢？有的时候变化小，但有的时候变化非常大。图 1－5－1 是沪深 300 指数 2007 年以来的 K 线。

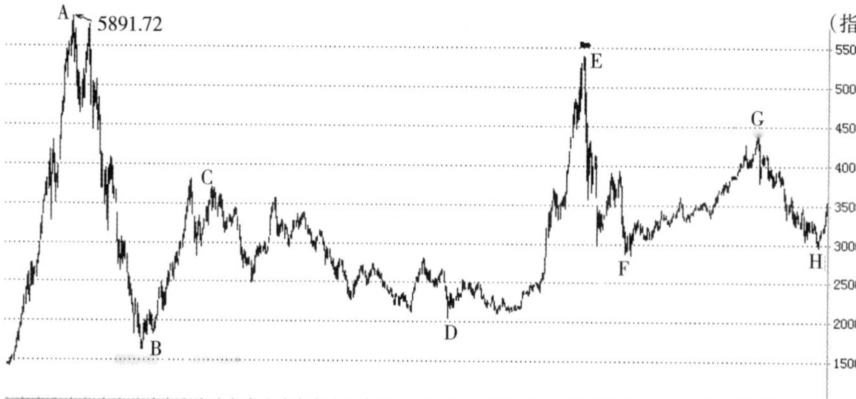

图 1－5－1　2007—2018 年沪深 300 指数 K 线（周线，不复权）

A 点为 2007 年 10 月沪深 300 指数最高点 5891 点，市盈率为 55 倍；B 点为 2008 年 10 月沪深 300 指数最低点 1606 点，市盈率为 14 倍。短短 1 年时间市盈率相差了 4 倍左右。而沪深 300 指数成分股所代表的企业的内在价值也发生这么大变化了吗？答案是：没有。

此时，市场情绪促成了这一切看似不合理的波动。

投资指数基金如何在短期获利

我们从股价公式中可以得出这样的结论：指数基金的投资收益来自其成分股每股收益的增量和市盈率的变化量。沪深 300 指数基金过去平均每年企业经营收益率大约为 13%，短期（1～3 年内）增量与市盈率变化对比并不大。但是，1 年时间市盈率变化非常大，大的变化有 2～3 倍，小的变化也有 30%～50%（见图 1-5-1）。所以，从影响投资沪深 300 指数基金短期收益的角度来看，赚“市盈率”的收益要比赚“每股收益”来得更多，因此学习和研究 1～3 年内的市盈率变化也是基金投资中重要的事情。

现在我们以沪深 300 指数基金为例，见图 1-5-1，假设从 2007 年的 A 点或从 2009 年的 C 点分别买入沪深 300 指数基金，到 2018 年 12 月的 H 点，平均持有 10 年时间，是否赚钱？答案是：不赚钱。

我们从股价公式（股价 = 市盈率 × 每股收益）中看每股收益在增加，但是市盈率在降低，结果市盈率降低的速度更快，导致股价是下降的。这个真实的案例可以说明：在高估（市盈率高）时买入指数基金，10 年内可能出现不赚钱的事情。

为了避免 3～5 年不赚钱，我们购买指数基金，不要选择高估（高市盈率）时重仓入场，要选择低估（低市盈率）时分批入场。比如在图 1-5-1 中的 2008 年的 B 点和 2013 年的 D 点分批买入，截至 2018 年 12 月，依然可以赚钱。

市场上不少专家称长期持有指数基金可以跑赢通货膨胀率，理论上是成立的，前提是持有时间足够长，至少也要 17 年。但我们又有几个 17 年呢？

下面我们再来看看其他发达国家的股市，如图 1－5－2 所示的法国股市，20 年没有创新高；如图 1－5－3 所示的英国股市，现在的大盘点位与 22 年前差不多高。这两个案例说明，如果在股市疯狂的高位（市盈率高）进场，持有 22 年时间依然存在不赚钱的可能性。

图 1－5－2　1998—2020 年法国 CAC40K 线（周线，不复权）

图 1－5－3　1998—2020 年英国富时 100K 线（周线，不复权）

如何避免指数基金投资过程中来回“坐电梯”

如图 1－5－1 所示，如果投资者在 2007 年初 3200 点买入，就会出现在 2007 年 A 点是赚钱的，如果没有卖出，到 2008 年 B 点又变成亏钱的，到 2009 年 C 点又变成赚钱的，到 2013 年的 D 点又变成亏钱的，到 2015 年 E 点又变成赚钱的，到 2016 年的 F 点又变成亏钱的，之后继续反反复复，来回“坐电梯”。这种情况就是基金持有的钝化。如果在高位卖出基金，之后在低位再接回来，那么收益就会大幅提升，经过多次牛市和熊市后，收益差距就会成倍地放大。

美国的股市存续时间足够长，假设一个投资者在 80 年前有 100 美元投资在股市上，在牛市中收益率很高，在熊市中收益率很低。80 年时间都持有不动，这 100 美元会变成多少呢？会变成 23 万多美元。如果这个投资者能够准确地择时，也就是牛市高位卖出，熊市低位进入，经过 80 年，这 100 美元会变成多少？1800 万美元。不择时和准确择时，其间的差距是 78 倍。

因此，若要避免投资中“坐电梯”，我们普通投资者必须学习和研究市盈率变化，学习辨别市场牛熊。在第 4 章翁量将展开阐述如何掌握牛市和熊市的规律，并且用牛熊高度指标来量化管理我们的投资。

1.6

恒定比例和应变比例资产配置

市场就像一只钟摆，永远在令人绝望的熊市底部和令人欣喜若狂的牛市顶部之间来回摆动。大部分时间市场是居于熊市底部和牛市顶部之间。

在大概率上，熊市底部最低点无法预测，牛市顶部最高点也无法预测。但是通过估值可以判断市场是否处于熊市历史极低估区间，或者牛市极高估区间。

大卫·斯文森的资产配置原则

资产配置是指根据投资需求，将资金在不同资产类别之间进行分配，通常是将资产在低风险、低收益投资品种与高风险、高收益投资品种之间按比例投资。

资产配置成功的典范就是耶鲁捐赠基金，其首席投资官大卫·斯文森（David Swensen）被称为最好的机构投资管理人，并创造了仅次于巴菲特的传奇。

大卫·斯文森认为，资产配置的重要性远远超过择时和选投资品种。他把资本市场为投资者提供的投资收益策略分为三类：资产配置策略、择时交易策略和投资品种选择策略。

资产配置策略是为了提高长期收益率，择时交易策略是为了提高短期的收益率。长期收益率和短期收益率有时候并不一致，甚至相反。

有的朋友可能会认为资产配置策略不是价值投资的范畴，价值投资应该是无论什么情况下都要保持满仓持股。其实，价值投资的鼻祖格雷厄姆也鼓励投资者做资产配置。

在《聪明的投资者》一书中，格雷厄姆是这样建议的：投资于股票的资金决不能少于其资金总额的25%，且不得高于75%；与此相应，其债券投资的比例则应在75%和25%之间。这里的含义是，两种主要投资品种之间的标准分配比例，应该是各占一半。根据传统，增加普通股比重的合理理由是：持续的熊市导致了“低廉交易价格”的出现。反之，当投资者认为市场价格已经上升到危险高度时，则应将股票投资的比例减至50%以下。这种把资产在低风险、低收益投资品种与高风险、高收益投资品种之间进行分配的方式，是聪明的投资者最常用的资产配置策略。

资产配置的优点是能改善投资组合的风险—回报平衡，在风险一定的情况下增加总的回报，或者在回报一定的情况下降低总的风险。而资产配置的缺点是：可能会错过股价持续快速的上涨，使投资者对资产配置的智慧和功效失去信心。但具有讽刺意味的是，这种连续快速的上涨通常发生在牛市的后期，当投资者放弃资产配置，并把大量资金转入股市时，股市也离顶部不远了。

恒定比例资产配置

恒定比例资产配置是指保持投资组合中各类资产的固定比例，它是假定资产的收益情况和投资者偏好没有大的改变，因而最优投资组合的配置比例不变。其适用于风险承受能力较稳定的投资者。如果股票市场价格处于振荡之中，恒定比例资产配置就可能优于买入并持有的策略。

假设刚开始指数基金和债券投资的比例各为50%，当指数基金已经大幅上升到波段高位时，指数基金的比例大幅超过50%，这时候开始减仓指数基金，并且加仓债券，使指数基金和债券投资的比例再次各为50%。当股价波段见顶回落，经过大幅下跌之后，指数基金的比例大幅低于50%，这时候开始减仓债券，并且加仓指数基金，使指数基金和债券投资的比例再次各为50%。通过这样的恒定比例的资产配置再平衡，实现了在指数基金高价时减仓、低价时加仓，从而增加指数基金的投资收益，也提高整体资产的投资收益。

举个例子，起初你拿出20000元做本金，指数基金和债券投资的比例各为50%，即用10000元买指数基金，用10000元买债券。1年后，指数基金市值涨到12000元，债券市值涨到10600元，你的投资总资产为22600元。考虑调整指数基金和债券市值比例，使其再次各为50%，即各为11300元，这时候你卖出指数基金700元（12000－11300＝700元），买进债券700元。这种恒定比例的动态平衡比较好计算，每次都是把两类资产相加再除以二。这样做的结果就是，每1年把涨得更好的资产卖掉一部分，相当于高抛；再把这部分钱，买涨得没那么好的资产，相当于低吸。长期下来，你不仅赚了这两类资产的上涨，还赚它们各自大幅波动的差价，在风险同等的情况下，提高了收益率。看似机械化、毫无技术含量的股债平衡，实则包含投资的大智慧。

应变比例资产配置

应变比例资产配置是根据资本市场环境及经济条件，对资产配置状态进行相对应比例调整，从而增加投资组合价值的积极战略。其目标在于，在不提高系统性风险或投资组合波动性的前提下，提高长期回报。当我们区别看待长期收益的改善与投资者的“收益”提高时可以发现，收益率各不相同的资产管理战略将使不同类型投资者的投资效用最大化。

如果市场已经疯狂上涨，长期预期收益率就会下降，聪明的投资者就要转而采取守势，应及时减仓指数基金。如果市场已经大幅下跌，长期预期收益率就会上升，在风险承受能力不变的情况下，聪明的投资者应该及时加仓指数基金，这是应变比例资产配置的一贯要求。格雷厄姆在《聪明的投资者》一书中说：“当感觉市场已处于危险的高位时，将股票持有比例减少到 25%，并在感到股价的下跌已使其吸引力与日俱增时，将持股量提升到最大限度即 75% 的比例。”

这种应变比例资产配置策略并不遵循某一特定比例的调仓规则，而依据市场研判，适时应变，调整大类资产配置比例。此策略要求投资者具有一定的市场研究经验且投资能力较强。

你在定投中坐过“过山车”吗？

2018 年翁量认识了一个投资者，他持有基金 10 年还亏了 6%，每年通货膨胀率按 5% 来计算的话，10 年时间相当于亏了 43. 72% 。

他从牛市特征明显的 2007 年 1 月开始分批买入，首次买入的位置是图 1 – 6 – 1 中 A 位置，到 2009 年 12 月，刚好回本，就不再继续投入了。事实上，90% 的散户会从 2007 年牛市 A 位置附近进场，也就是牛市趋势确定后入场。太阳底下没有新鲜事，未来还有更多的散户会从类似的位置进场。

截至 2018 年 7 月，这位投资者还亏损 6%，行情先下跌到 2013 年的熊市底部，再经过 2014 年和 2015 年上半年的牛市，之后又经过 2015 年下半年熊市的暴跌，再经过 2016 年和 2017 年的小牛市，最后经过

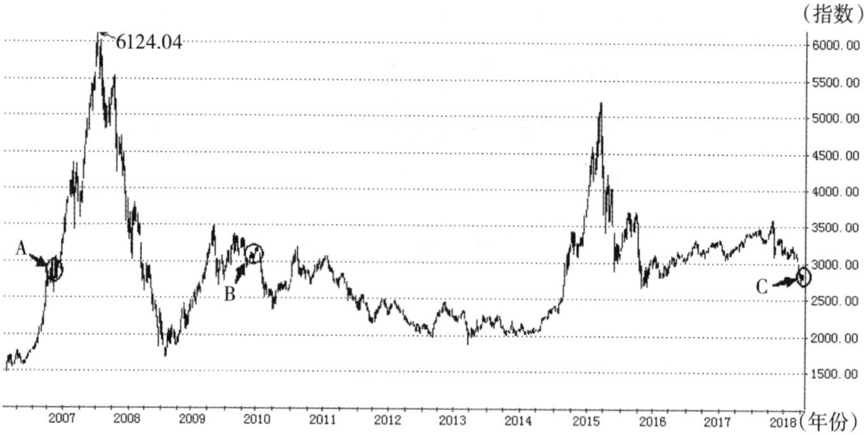

图 1－6－1　2006—2018 年上证指数 K 线（周线）

2018 年的熊市，坐了 4 次大型“过山车”。很多基金走势与沪深指数差不多，而且在 2016 年和 2017 年，大部分基金跑输沪深 300 指数。

如果不从这个案例中吸取教训，未来你可能也会搭上投资的“过山车”。

如果在图 1－6－1 中 B 点没有停止投资，继续分批投资到今天，先不看 B 点到今天投资有没有赚，可以肯定的是，B 点之前的投资资金已经被钝化在那里。即使 B 点之后的价格更加便宜，但是 B 点之前的投资成本被固化，那么在 B 点定投到现在的投资资金，在未来也会钝化。很多新手还没有碰到钝化问题，是因为投资的时间太短。但是，当你体会到的时候，很可能就已经迟了，10 年时间，财富会因通货膨胀而贬值。

我们如果懂资产配置，配置一些货币基金，那么你的收益就会提高到 27%，如果你懂得恒定比例资产再平衡理论，平均一个季度做一次资产再平衡，你的收益就可以到 56%，平均每年回报也有 7%。如果你懂得应变比例资产配置并使用“牛熊高度”来管理基金仓位，那么你的收益可以达到 209%，平均每年回报 26%。如果你通过学习，选择的基金跑赢沪深 300 指数，你的收益还可以更高。

什么是“牛熊高度”呢？

“牛熊高度”的大意：目前行情所处在熊市和牛市之间的定位比例。比如你爬一座山，牛熊高度33%的位置，就是你从山脚下开始爬山，已经爬了33%的路程；假如山的海拔是1000米，那你已经爬了330米。牛熊高度用20年长度的格局观给我们现在的行情进行定位，定位准确后才能确定合理的投资战略和战术。

翁量一直在思考如何用客观的数据来指导我们股票和基金的仓位，可以让我们像机器人一样，“无脑式”去执行，控制仓位比例。这几年翁量已经找到初步的攻略，结合巴菲特指标和大数据等，开发出“牛熊高度”指标。

下面的案例是在“应变比例的资产配置再平衡策略”基础上，根据“牛熊高度”，对指数基金和债券基金的持仓做适时调整。如图1-6-2所示，翁量在2016—2019年上半年实战中，运用该策略，对股债比例进行了动态调整。

图1-6-2　2016—2019年上证指数K线（周线）

①在 A 点位置，也就是 2016 年 1 月 27 日，牛熊高度为 0，翁量清仓了债券基金，增加了股票型基金仓位，股债比例为 100%∶0。

②在 B 点位置，也就是 2018 年 1 月 25 日，牛熊高度为 50%，翁量减仓了股票型基金仓位，增加了债券基金仓位，股债比例为50%∶50%。

③在 C 点位置，也就是 2018 年 10 月 19 日，牛熊高度为 0，翁量清仓了债券基金，增加了股票型基金仓位，股债比例为 100%∶0。

④在 D 点位置，也就是 2019 年 4 月 8 日，牛熊高度为 40%，翁量减仓了股票型基金仓位，加仓了债券基金仓位，股债比例为75%∶25%。

翁量把大部分实盘投资内容都实时发布在微信公众号等网络平台上，过程有据可循。第 2 章将重点讲述如何创建“牛熊高度”和使用“牛熊高度”。采用该方法，可以利用 A 股的大起大落获取更多的收益。

2

法：用牛熊高度指标管理投资

2.1

把握牛熊市赚大钱

2.1.1 绝大多数投资者的失败

研究别人的失败比研究别人的成功更有价值。失败乃成功之母，吸取失败的教训可以让我们更好地规避失败。因此我们有必要先从基金投资最常见的失败案例说起。

投资失败原因一：投资者不具备独立思考的能力

先从我第一次购买基金的失败经历说起。2006 年，我大学刚毕业 2 年多，积蓄不多且迫切想要增加收入。有一天，一位学长很兴奋地说，发现了一个很好赚钱的项目。在他家里，打开电脑一看，原来他说的是投资基金。他给我看了“天天基金网”的基金排名，还看了他的两个账户，总金额有 30 多万元，每个账户都有 50% 以上的利润。他说他才买不久，平均每天都能赚五六千元。一天的收益可以抵上我当时三个月的工资，听得我又激动又好奇，决定和他一起购买基金。

在之后的一个月时间，我每天都上网研究和比较各种基金，结论是真的很容易赚钱，而且几乎所有基金都在涨。于是我决定先用一半的积蓄购买基金，很快就赚到了钱，每天收益都不错。

又过了一个月，我把剩下的一半积蓄也买了基金，之后每天都是幸福的日子，快乐似神仙。因为在牛市，几乎天天涨，翁量就天天坐等数钱。钱来得太容易就会忽视隐藏的风险，我开始尝试借钱买基金，每过两三个月就会办理一张信用卡，用来借钱买基金。后来，我的那位学长开始投资股票，他认为投资股票赚得比基金更快更多。不假多想，我也开始投资股票，购买了当时涨得最猛的钢铁股。直到 2007 年 10 月，在大盘 6124 点牛市见顶的时候，我的入市资金量达到最大。

再之后，股市见顶 6124 点后，大盘几乎每天都在暴跌，经常一天跌 7% ~8%，不少股票开盘就在跌停板上。可是，股票“专家”们都说这只是市场暂时调整，调整后会继续创新高，达到 10000 点，也有“专家”说会到 15000 点。当时没有一个人说股市见顶，所有人都在唱好股市。鉴于那时候中国经济发展势头正猛，绝大多数散户都是持仓不动，翁量也持仓不动，但是每天面对跌停非常难受，像一把尖刀插在心上。就这样不到一个月的时间，前面赚的钱全部亏了回去。最后终于忍受不了，全部“割肉”出局，主要也是因为信用卡欠的钱占大头，得考虑还款的事情。

不久美国金融危机爆发的影响显现，那段时间每天都有一半以上的股票开盘就跌停。翁量暗自庆幸自己卖得早。

从我的经历中可以发现，在 2006 年我也是个新手。新手刚入市，通常不具备独立思考的能力，也没有承担后果的心理准备。不假深思地选择了从众并且“跟随领袖”。这些“领袖”可能是邻居，也可能是关系很好的同事，理由多半是他们“炒过几年股票或者基金”“打开账户都是赚钱”或者“经常说赚到钱”。殊不知，他们所谓的赚钱可能只是偶然，或者纯粹是在吹牛。大部分的投机者都爱吹牛，当他们股票赚了一点点，就到处吹嘘；损失了，就默不作声，给人感觉就是个高手。但是，你一旦跟随他投机，最后都会亏损累累。

还有一小部分新手是自学理财或由理财培训课程引导入市的，刚开始都是小试牛刀，确定赚到钱了，就开始加大投入本金，赚到更多，就继续加大本金，在牛市顶部的投资资金量达到最大，而行情见顶开始进入熊市的时候，亏损也是最多的。事实上，新手进入股市，往往从一开始就在思想上缺了一根弦，那就是对市场风险的认视。只有亲历了股海风浪的老手才会知道，那句“股市有风险，入市须谨慎”绝不是空话，每个进入股市的人都应该怀着一颗“敬畏之心”。

对大部分散户来说，熊市固然磨人，但牛市才是亏损的元凶。因为牛市常常伴随泡沫。猪不飞起来不会摔死；石头不被推到山上不会滚下来砸死人；股票不经过牛市大幅上涨形成泡沫，自然也不容易大幅下跌造成巨大亏损。

这就是翁量第一次买基金的经历，也是第一次知道股市有牛市和熊市。翁量希望通过自己的经历告诉大家，千万不要听“股市领袖”的建议来买基金和股票。你以为很多投资者是自己亏的？其实不是，他们自己不敢独立思考（他们自己知道自己不懂投资），都是跟随“专家”“媒体”和“大V”的意见而亏损的。所以，我们一定要有自己独立思考的能力，一定要通过学习来提高自己的投资智慧，构建独立的投资体系。作为一个理性的投资者，“投资体系”不需要别人来告诉你，你的“投资体系”只能通过你自己独立思考后形成。

投资失败原因二：在熊市底部割肉

2017年底，翁量认识了一位投资者小王。他在2015年3月学习了投资理财课程，看到周围的人投资股票都在赚钱，于是开始把存在货币基金中的积蓄拿出一部分来定投基金。但随着大盘一路飙升，他觉得在牛市中定投，特别是按月定投并不是一个好方法，因为大盘的上涨速度很快，月末的价格比月初的价格高出很多。于是他就换了一种思路——在牛市中尽快买入，在熊市中才应该用定投来拉低成本。所以在四五月份，也就是大盘 4000 ~ 4500 点区间，将个人的所有积蓄全部买入基金。

等到了 6 月初的时候，大盘终于走上 5000 点，他的收益也达到了 26%，有近 15 万元的理财收入，这让他欣喜若狂。他打算等收益达到 30% 的时候就洗手不干，退出江湖。但是，不久股市见顶，开始暴跌，大盘从 5100 点跌回了 4100 点，最后跌到 2900 点。之前的收益不仅灰飞烟灭，而且还倒亏不少，于是"割肉"出局。但是，更让他懊悔的是"一赎就涨"。

他刚认识翁量的时候，还想再次入市。他认为中国股市会像美国股市，进入长期慢牛行情。在"割肉"离场一年半的时间，他一直在学习各种投资方法，参加了各种投资理念和技巧培训，包括怎样研读上市公司的财务报表。但是翁量劝他，从 2018 年下半年开始做定投会更稳健，并且告诉他选择入市时机比选择投资什么品种更重要。

为了让他信服，翁量打开基金账户给他看。他很诧异地发现，他"割肉"出局的 2016 年 2 月，正好是翁量空仓大半年后开始满仓抄底的时间。这才让他开始冷静下来，慢慢学习牛市和熊市的奥秘，开始反思为什么 2015 年 6 月必须提前卖出基金，为什么 2016 年 2 月又可以开始买基金。

投资失败原因三：牛市后期投资太激进

2018 年 10 月中旬，翁量在网上看到一个投资者的自述文章。他是一个年轻的股民，从 2016 年 9 月开始入市，到 2018 年 10 月也才两年出头。

当时，他刚刚毕业，父母把毕生的积蓄——60 万元作为购房首付款给了他。因为暂时没有看好的房子，就一直存在货币基金中，后来无意当中看到一位同事的股票账户——同事投资的贵州茅台赚了 20%多，同事告诉他还会涨很多，于是这位投资者用父母给的购房首付款去买贵州茅台。当时价格才 300 元左右，买入后一个月时间，股票一边涨他一边加仓，很快就一半仓位，剩下的 30 万元也不够首付，所以他干脆就没有再去看房子。之后贵州茅台继续涨到 400 多元，平生的第一只股居然就挣了 12 万多，这让他对工作也不怎么上心，慢慢炒股上了瘾，到处学习如何选股，感觉炒股赚钱很容易，幻想通过炒股实现财务自由。

2017 年各大媒体和“大 V”都在宣扬价值投资的春天来了，很多“白马股”也在一年之内大幅上涨。他感觉“白马股”又安全涨得又快，于是把选股的标的全部集中在“白马股”上。他先后买过格力电器、五粮液、中国平安，一年下来，赚了 20 多万元。这段经历让他的资产大幅增长，也助长了他膨胀的野心，胆子越来越大，以至于最后忽视了股市的风险性。

时间进入 2018 年，开年的 13 连阳，让很多专家都大呼牛市来了。他后悔之前没有满仓购买，如果满仓一定可以赚更多！于是，开始满仓操作，陆续买了上海机场、海天味业等业绩优秀的蓝筹股。这期间虽然大盘下跌不少，他也亏了 10 多万元，但也还能接受。4 月医药股涨得不错，于是他开始研究医药股，刚开始想买恒瑞医药，后来觉得恒瑞医药市盈率太高风险大，最后权衡之后买了长生生物。

从 4 月开始建仓长生生物，一直分批买到满仓，最后成本在 26.5 元。但是，事情并没有朝他想象的方向发展，股市又继续下跌，长生生物后来也一路下跌。他觉得这么好的一只医药股，价格已经跌到很便宜，于是开始融资补仓，仓位越来越重。直到暴跌前，仓位已经超过200%，连续几天的跌停，他再也没有钱去追加保证金，终于爆仓了。

现在我们来思考一下，案例中投资者都犯下哪些错误，以及我们应该吸取什么教训，以提升我们的投资能力。

①通常情况下，散户刚入市，先是小资金买，随着股市的上涨，对股市越来越有信心，于是仓位越来越大，甚至加大杠杆，最后在牛市顶部仓位最大。

②不要以为自己赚了几次钱，甚至赚了 2 年的钱（比如 2016 和 2017 年），你就是高手、赢家。所有的投资者一辈子当中不可避免要遇到非常多次的大熊市，之前赚得越多，在大熊市中就会亏得越惨。有时候得到的越多，失去的也会越多。之前的过度自信也许就是之后灾难的开始。

③价值投资中最重要的一个理论，就是安全边际。用低于企业价值的价格买进股票——只有在大熊市中才有这样的价格。无论多么优质的股票，在大熊市中几乎都得下跌。所以，无论我们买卖股票还是基金，必须建立在对牛市和熊市大格局的清楚认识上。

④散户应该禁用或者慎用杠杆。这位投资者资金爆仓的原因之一就是牛市后期过度使用杠杆。虽然巴菲特也用杠杆，但“股神”用的是“永久杠杆”，这个杠杆的资金也就是保险浮存金。他用这个钱成本非常低，而且可以使用很长时间而无须偿还，而且大部分在熊市低位中使用。

这三个案例说明：我们一定要有独立思考的能力，一定要通过学习来提高自己的投资智慧，构建独立的投资体系。我们千万不要在股市底部时盲目割肉赎回基金，应该在牛市顶部开始慢慢赎回，保留轻仓甚至空仓。我们在牛市后期投资不能太激进，不能越涨越加仓或者加大杠杆，要知足常乐。

2.1.2 用立体思维看待牛熊市

很多投资者在刚入市时，没有经过一轮完整的大牛市和大熊市，就如汪洋中的一叶扁舟，不知道汪洋的边缘在哪里。股市行情一下跌就很恐慌，一上涨就很激动，这是因为不了解股市牛熊的规律，没有股市牛熊的大格局。

投资应有大格局

一个格局大的投资者能够从长远看待股市，不会只顾眼前短暂的涨跌，不会因为局部的涨跌而改变对股市的整体看法。有股市格局观的投资者，能够把握现在，看到未来，并能够对股市投资做出一个长期的规划和判断，因此会赚得通透而自如。

谋大事者必要布大局。想在股市中赚大钱就必须懂得股市牛熊大局。对于股市投资这盘棋来说，我们首先要学习的不是技巧，而是布局。大格局，即以大视角切入投资，力求站得更高、看得更远，控制风险、赚得更多。大格局决定着股市投资赚大钱的方向。具备了大格局的视野，也就掌控了局势，不怕股市涨跌，涨了有对策，跌了也有对策。

投资的点、线、面、体

《财富》杂志主编吉夫科文说过一句话：格局决定结局。“格”，我们在这里可以将其定义为克己、自律，是克服人性中贪嗔痴的弱点，是克服小我，成就大我；“局”，则是从后天看明天，从明天看今天，从局部看整体，从未来看现在，说的是一种全局观的视野。

格局是宏观思维，就如我们看一个物体，要区分它的“点”“线”“面”和“体”。股市投资若要赚更久、赚更多，也应有“点”“线”“面”和“体”的宏观思维。

我们每个人刚开始投资的时候，思维都很简单，比如很爱问别人买哪只股票或基金。如果没有宏观思维的话，从大概率上，不管买什么都只能不断地亏损。实际上，如何选择股票或基金只是股市投资上的一个“点”和“线”的思维。

所谓“点”和“线”的思维，比如一只优质的股票或基金，2014年下半年牛市刚来的时候，是选择定投还是一次性买入，半年后收益差距是巨大的。站在2016年2月的时间点来看它们的收益，绝大部分品种用定投的方式来做是亏钱的，而选择一次性买入却是赚钱的。在不同性质的行情中选择不同的投资方式，这种投资方式就涉及股市投资的“面”的范围。

股市投资的“面”是什么？可以是波段，也可以是牛熊市。①波段就是一个行情的结构。如果在连续上涨波段行情里，无论你怎么选择股票或基金，大概率上都是连续上涨的。雷军说过：站在风口上，猪也会飞。相反，如果在连续下跌的波段行情里，无论你怎么选股票或基金，大概率上也是连续下跌的。“面”相当于股市里的波段，分为上涨波段和下跌波段，我国A股是个牛短熊长的市场，波段操作非常适合A股，无论大小波段，能踏准波段便能获得超额收益。②牛熊市就如白天和黑夜一样，互相轮替着。如果股市刚从牛市转向熊市，无论“点”和“线”做得多好，也就是无论你买什么股票或基金，熊市中大概率会亏损；无论是一次性买还是定投，熊市中也大概率会亏损。

股市投资的“体”是什么？那就是影响股市牛熊市的宏观经济。人们都说股市是国民经济的晴雨表，从长期来说，股市的运行与宏观经济运行应当是一致的。一个国家的股市值不值得长期投资，就要看这个国家经济发展的长期趋势。幸运的是我们正处在伟大的投资时代和强盛的国家里，我相信中国会不断孕育出可供投资的世界级大企业，当下的中国是最具投资价值的。

关于格局和这种“体”的思维，一位被华尔街尊为“股圣”的投资家彼得·林奇这样说：“每当我对目前的大局（Big Picture）感到忧虑和失望时，我就会努力让自己关注于‘更大的大局’（the Even Bigger Picture）。”如果你期望自己能够对股市保持信心的话，你就一定要了解“更大的大局”这个概念。“更大的大局”是用更长更远的眼光来看股市。

股市投资的成功，关乎“点”和“线”，也就是如何选择股票和基金；也关乎“点”和“线”所在的“面”，也就是熊市底部多买进，牛市顶部多卖出；更关乎承载这个“面”的“体”，也就是选择一个经济发展潜力好的国家的股市。

孙子曰：求之于势，不责于人。将其运用于投资，就是说：把握周期，顺应资产价格的大趋势是最重要的，靠选品种战胜市场是相对次要的。在中国，大家都很熟悉一种现象——大盘涨，全都涨；大盘跌，全都跌，这就叫“系统性”占主导。换句话说，就是中国股市的微观个体的定价其实是和牛熊市大局连在一起的，因此我们投资就要先考虑宏观经济和牛熊市的大局。

2.1.3 牛市、熊市的周期性转换

什么是牛市和熊市

所谓“牛市”，又称多头市场，指股市行情普遍看涨，延续时间较长的大升市。所谓“熊市”，又称空头市场，指股市行情普遍看跌，延

续时间较长的大跌市。

在股市中无论以分钟、日、周、季度还是年为单位，收盘价高于开盘价时，则开盘价在下收盘价在上，二者之间的长方柱用红色或空心绘出，称之为阳线；收盘价低于开盘价时，则开盘价在上收盘价在下，二者之间的长方柱用黑色或实心绘出，称之为阴线。中国群经之首的《易经》说“一阴一阳之谓道”。这里的道就是这一阴一阳此消彼长运动的规律。

大自然虽有千变万化，但无非就是一阴一阳；股市虽有起起伏伏，但无非就是一涨一跌，一个牛市一个熊市。正所谓物极必反，涨到极限就是跌的开始，即牛市转熊市；跌到极限就是涨的开始，即熊市转牛市。万事万物都是周而复始、循环往复以至无穷地变化着。股市变化也正是如此，由一个个牛市和熊市交替组成，周而复始。所以股市的牛市和熊市具有周期性，是有规律可循的。

我们为什么要研究股市周期呢？因为研究周期，能让我们知道目前行情正处在牛市和熊市中的哪个位置。我们再根据这个位置做出合适的股债平衡，使我们的收益和风险比最大化，以提高投资的长期收益率。当收益和风险比对我们有利时，我们增加股票的配置，提高组合的进攻性；当收益和风险比对我们不利时，我们减少股票的配置，提高组合的防御性。

股市的牛熊是什么原因造成的?

股市的走势，短期看市场情绪，中期看利率，长期看经济，所以能够影响股市牛市和熊市的最大原因就是经济发展规律。人们都说股市是国民经济的晴雨表。股票市场是整个国民经济的重要组成部分，它既在宏观经济的大环境中发展，又服务于宏观经济的发展。从长期来看，股市的运行变化与宏观经济的发展变化应当是一致的。经济周期决定股市周期，股市周期的变化反映了经济周期的变动。所以经济发展周期对股市牛熊起着决定性的作用。

每个国家都是一个经济体，一个经济体的发展规模受制于经济政策、经济体制、人口结构、资源状况等因素。这些因素每年变化很小，或许以 10 年的单位长度去观察它们，才会发现有些明显的变化。所以，经济增长率长期而言是相当稳定的。衡量经济增长的最佳指标是国内生产总值（GDP），它反映了一国（或地区）的经济实力和市场规模。中国经济近 30 年都保持超高速发展，绝大多数年份里 GDP 增长都保持在 6% ~14% ，年均增长近 10% 。长周期的 GDP 年均增长也是长期经济增长的中枢，这中枢也代表长周期经济增长的趋势。

中国经济的长期趋势接近于一条向上的直线，但实际走势绝非一条直线。每隔几年，市场都会出现一阵短期波动，使经济的走势偏离长期趋势，如图 2 –1 –1 所示。

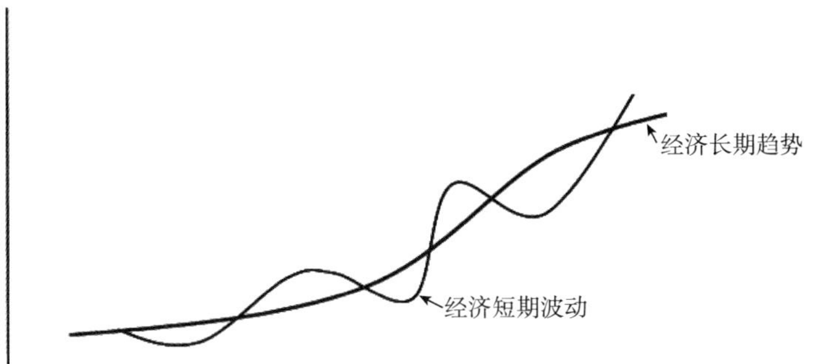

图 2 –1 –1　经济增长的周期性波动

经济周期有长周期和短周期，短周期容易走到极端，经济太过强劲会引发通货膨胀，商品的成本上涨，即物价逐步上升，央行会采取一些措施，包括减少货币供给、提高利率、卖出证券等抑制通货膨胀，但是这样做同时也会抑制经济增长，导致短期经济增速回落。而经济如果过度萎靡，就会导致企业盈利下滑，失业增加，央行就要采取刺激性措施，比如增加货币供给、降低利率、通过买入证券来给经济注入流动性。央行的工作就是逆周期调整，而调整的效果往往过一段时间才会在经济上表现出来，所以经常会出现节奏不一致，最后就会出现经济短周期趋势围绕长周期趋势上下波动。

经济增长得越快，企业盈利扩张也越快，股票市场也会随之上涨；反之就会下跌。经济从衰退、萧条、复苏到繁荣的周期性变化，是形成股市牛熊市周期性转换的最基本原因，而股市的周期变化同时也反映了经济的周期变化，因此说股市是国民经济的晴雨表。

把握经济与股市的互动关系

经济这个基本面决定了股市的“价值中枢”，而围绕这一价值中枢，其他因素如政策信号、流动性、市场情绪等，共同决定了股市的波动弹性。从更短的时间来看，聪明的投资者在新的经济数据公布之前，通过央行的调控政策，对未来经济走势提前做出判断，会提前做出投资布局，所以股市变化往往早于经济数据的公布。另外，投资者的乐观和悲观情绪也会影响股市涨跌，在上行阶段大多会因太过乐观而过度投资，同理在下行阶段往往也会因太过悲观而“割肉”离场。所以，股市牛市和熊市的节奏与经济数据有时候会存在不同步。股市反应比较敏感，会优先于经济数据。巴菲特说：“聪明的人最先做，愚蠢的人最后做。”一语道破天机。根据历史规律，A 股会稍微提前一点先于经济见底。

一些投资者看经济数据来投资股市，但往往节奏踏慢了，如图 2－1－2 所示，2002 年以来（数据截止到 2018 年 9 月），4 次 A 股市场底部领先于经济（盈利）底部。下文翁量将会介绍怎样用系统性方法来判断牛市的顶部和熊市的底部。

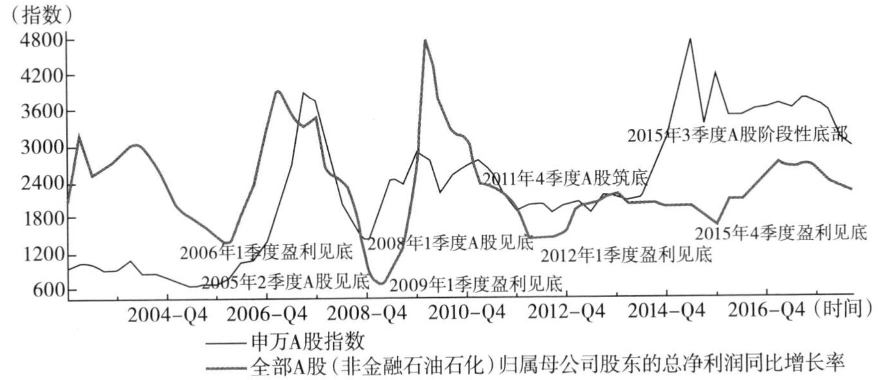

图 2－1－2　2002 年以来 A 股底部领先于经济（盈利）底部

股市的走势，短期看市场情绪，中期看利率，长期看经济。从全球股市规律来看，其规律总体是牛市熊市交替轮回。图 2－1－3 是 A 股市场诞生以来经过的大大小小 5 个牛熊市，可以看出，中国经济大方向是在发展，中国股市大方向也是上涨的，但是如果以 5～10 年的时间长度来看，经济有周期，股市也有周期。

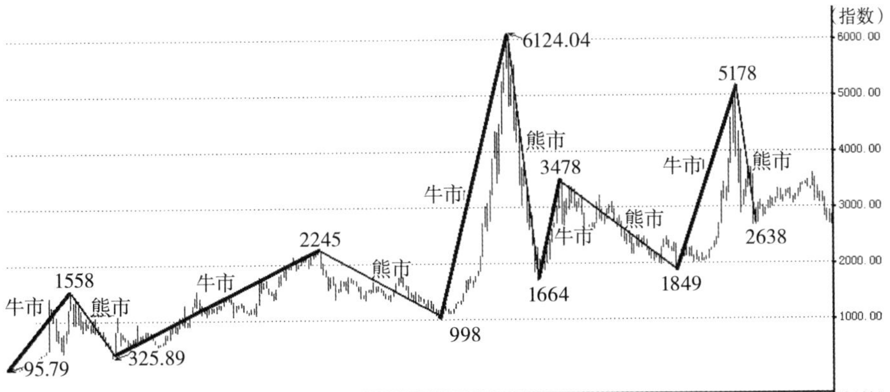

图 2－1－3　1990—2018 年上证指数的牛熊市结构

如图2-1-3所示，A股上证指数从1990年12月的96点开始急牛市，涨到1993年2月的1558点见顶，之后开始短暂的熊市，下跌到1994年7月的325点，跌幅较大。之后开始7年的慢牛市，涨到2001年5月的2245点见顶。之后开始漫长的4年熊市，下跌到2005年6月的998点见底，跌幅达到56%。之后又开始新一轮牛市，涨到2007年10月的6124点结束，历时两年四个月，上涨幅度5倍，涨幅相当惊人。其上涨背景是中国改革开放进入了加速期和丰收期，上市公司业绩空前提升；同时，中国经济与世界经济在长期的低息环境下透支未来，在房地产、基础建设、金融创新等诸多领域产生了极大的泡沫。见顶后由6124点暴跌到2008年10月28日的1664点，历时一年，跌幅达到73%，是中国历史上一次超级大熊市。之后行情出现大反弹，2009年上涨到3478点，见顶后持续下跌到2013年6月的1849点，熊市时间很漫长，达4年之久。随后又来了一个超级大牛市，从2014年7月启动，涨到2015年6月的5178点，短短1年时间涨幅1.8倍，见顶后持续下跌到2016年1月的2638点。未来的A股依然也是由牛市和熊市组成，把握牛市、熊市的周期性转换，不仅能降低投资风险，还能大幅提高收益率。

孟子说："虽有智慧，不如乘势；虽有镃基，不如待时。"虽然你智慧超群，实力强大，不如顺势而为；即使你手里有锄头，也要顺应农时。春种秋收，万物皆有时令，如果你逆时而动，当然颗粒无收。投资亦如此。

2.1.4 牛市与熊市的特点

根据过去多轮牛市和熊市的经验和数据，翁量总结出了牛市和熊市的不同市场特征，认为牛市和熊市可以各自分为三个不同阶段。本节的重点是了解牛市和熊市中的投资者表现，以及聪明的投资者怎么做。

牛市第一阶段：估值修复

牛市第一阶段衔接熊市第三阶段的末期，但有一部分两者是重合的。这一阶段往往是在市场最悲观的情况下出现。大部分投资者对市场心灰意冷，即使市场出现好消息也无动于衷。他们认为行情将越来越差，开始不计成本地抛售持有的股票。投资者每天更倾向去关注和思考新闻媒体的负面信息，不断借以证明自己做空股市、“割肉”出局行为的正确性。他们亏了大钱仍旧选择“割肉”出局，并发誓从此永远离开股市，再也不碰基金和股票了。每次行情的上涨，都被大多数投资者认为是反弹，反弹后还将继续下跌，于是不敢入场。这些人都看不出该阶段恰恰是最好的投资机会。

而少部分有远见、有洞察力、有独立思考能力的投资者则通过对各类经济指标和形势的分析，判断基本面情况将会好转，预期市场情况即将发生变化，开始逐步选择优质股票和指数基金买入。

之后市场成交量逐渐出现微量回升，经过一段时间后，许多优质股票已从盲目抛售者手中流到理性投资者手中。市场在回升过程中偶有回落，但每一次回落的低点都比上一次高，于是吸引新的投资者入市，整个市场交投开始活跃。

这时候，上市公司的经营状况和业绩开始好转，盈利增加引起投资者的注意。企业估值修复推动市场上涨，进一步刺激人们入市。投资者信心逐渐恢复。

每次牛市来临的政策指引、经济背景、股民心态和催化剂都是不一样的，但是有其共同性。如果能抓住牛市来临前的主要的“锚”——即隐蔽的共同性，那我们就可以有机会逐步地去确定行情。

牛市第二阶段：戴维斯双击

这时市场情况虽然有明显好转，但熊市的惨跌仍然使投资者心有余悸。市场出现一种非升非跌的僵持局面，但总的来说大市基调良好。这时随着基本面拐点出现，企业盈利和估值均开始上行，最终形成戴维斯双击，牛市全面爆发。

这时大多数投资者方才认识到，基本面情况确实好转了。随着行情的升温，大部分投资者会受吸引跑步进场。实际上，他们并不知道低风险高收益的行情即将结束了。正如巴菲特所言：“等到你看到知更鸟报春的时候，春天都快结束了。”

因为牛市第一期的超跌反弹机会已经被市场反映了，所以接下来就是价值的修复性机会。所有板块都会轮动，就像是流动的水，一个洼地填平，流向另外一个相对低的洼地。大部分投资者又有追高的习惯，追高的速度跟不上板块轮涨的速度，所以在这个阶段能够稳定地盈利并不容易，高收益往往也伴随高风险。

这段时间可维持数月甚至超过一年，主要由上次熊市造成的心理打击的严重程度而定。

牛市第三阶段：末日狂欢

在这个阶段，盈利增速已趋于平缓，市场行情不会再有第二阶段行情启动时的加速度。以散户为代表的增量资金仍在加速进场，推动市盈率走向“市梦率”，不断为市场泡沫增大做贡献。股市成交量不断增加，越来越多的投资者进入市场。这期间经济数据都是各种利好，企业盈利增长也显著高于预期，于是众多的投资者认为基本面情况将会变得更好，而且永远只会更好，所以给上市公司更高的估值。

市场情绪高涨，充满乐观气氛。不少刚入场的投资者，从小资金尝试，到满仓进场，也有的开始加杠杆进场，他们开始比较每天谁赚得更多，轻仓的嫉妒满仓的赚得快，满仓的嫉妒加杠杆的人赚得多，每天不断攀比收益。提早减仓的投资者被大多数投资者笑看为傻瓜。因为钱实在太好赚了，不少激进投资者认为自己是高手，于是丢弃工作，全职炒股，以为一辈子就这样和股市相亲相爱了。很多投资者忘记了市场还有风险的存在，而喊风险的投资者都踏空了。

那些曾经高喊风险的媒体都集体失声了。媒体刊登的只有好消息，因为坏消息的新闻没有人看了。不少专家媒体为了吸引眼球，欢呼庆祝股市创出新高，鼓吹股票还将翻倍，牛市第二拨即将到来（比如2007年，专家媒体鼓吹股市会涨到10000点，实际上只到6124点；2018年初，他们鼓吹股市会超过6000点，实际上只到3587点）。

此外，公司利好的公告也不断发布，例如盈利倍增、收购合并等。上市公司也趁机大举募资，或送红股或将股票拆细，以吸引中小投资者。在这一阶段的末期，市场投机气氛极浓，即使出现坏消息也会被作为投机热点炒作，变为利好消息。垃圾股、冷门股股价均大幅度上涨，而一些稳健的优质股反而被漠视。

此时市场主流参与者基于“哪些股票还能涨”来操作，完全不理会股票的价值。这个时候，资产价格已经远远超过内在价值。市场完全进入了一个博傻的局面——所有人都认为自己不是最后埋单的那一个傻瓜。股市的每次回落不但不会使投资人退出市场，反而吸引更多的投资人加入。投资者认为每一次回落都是为下一次挑战新高做准备，每一次回落都是一个踏空者入场的机会。

该阶段末期，炒股热浪席卷社会各个角落，各行各业、男女老幼均加入了炒股大军。上班时听到扫地阿姨讨论股票，去饭堂吃饭时听到隔壁餐桌在讨论股票，出去逛街买衣服也能听到售货员讨论股票。当这种情况达到某个极点时，市场就会出现转折。天欲将其灭亡，必先让其疯狂。

此情此景正应了“投资之父”约翰·邓普顿爵士的话：“行情总在绝望中诞生，在怀疑中成长，在憧憬中成熟，在乐观中灭亡。”

熊市第一阶段：泡沫破裂

熊市第一阶段衔接牛市第三阶段的末期，但二者有一部分是重合的。这一阶段往往出现在市场投资气氛最高涨的情况下。这时市场绝对乐观，投资者对后市变化完全没有戒心。

市场上真真假假各种利好消息到处都是，公司的业绩和盈利达到不正常的高峰。不少企业在这段时期加速扩张，收购合并的消息频传。

正当绝大多数投资者疯狂沉迷于股市升势时，少数明智的投资者和个别投资大户已开始将资金逐步撤离或处于观望状态。因此，市场的投机氛围虽然十分炽热，但已有逐渐降温的迹象，

这时如果股价再进一步攀升，成交量却不能同步跟上的话，大跌就可能出现。在这个阶段，当股价下跌时，许多人仍然“惯性”认为这种下跌只是上升过程中的回调。其实，这是股市大跌的开始。

熊市第二阶段：戴维斯双杀

此时盈利见顶回落，以机构为代表的资金在加速离场，推动估值持续下降，散户资金开始出现被套甚至深套。每次反弹时，投资者都以为市场已经见底回升，但反弹之后仍旧继续下跌创出新低。

这一阶段，股票市场一有风吹草动，就会触发“恐慌性抛售”。一方面市场上热点太多，想要买进的人反因难以选择而退缩不前，处于观

望状态。另一方面，更多的人急于抛出，加剧股价急速下跌。在允许进行信用交易的市场上，从事买空交易的投机者遭受的打击更大，他们往往因偿还融入资金的压力而被迫抛售，于是股价越跌越急，一发不可收拾。

经过一轮疯狂的抛售和股价急跌以后，投资者会觉得跌势有点过分，因为上市公司以及经济环境的现状只是稍微有点放缓，尚未达到如此悲观的地步，于是市场会出现一次较大的回升和反弹。

这一段中期性反弹可能维持几个星期或者几个月，回升或反弹的幅度一般为整个市场总跌幅的三分之一至二分之一。

熊市第三阶段：政策利好

经过一段时间的中期性反弹以后，经济形势和上市公司的前景趋于恶化，公司业绩下降，财务困难。各种真假难辨的利空消息纷至沓来，对投资者信心造成进一步打击，大多数投资人最终意志力被耗尽，反弹信心消散，最后都只能选择向市场缴械投降。

媒体又开始争相报道各类负面消息。曾经喊反弹的专家也不发声了。多次被打脸后，不再喊反弹、不再声称股市见底。媒体和专家每天不断收集各种证据来寻找股市下跌的理由，以衬托他们的专业性，以此吸引更多投资者的目光，比如新闻标题类似《今日股市暴跌的理由已经找到》。

整个股票市场弥漫着悲观气氛，股价反弹后仍有较大幅度下挫。在熊市第三阶段，股价持续下跌，但跌势没有加剧，由于那些质量较差的股票已经在第一、第二阶段跌得差不多了，再跌的可能性已经不大，而这时由于市场信心崩溃，下跌的股票集中在业绩一向良好的蓝筹股和优质股上。虽然宏观政策利好不断，但对股市影响的效果不明显。

此时大量的投资者对经济和股市完全失去了信心，陆续开始“割肉”离场。不少投资者刚开始套牢的时候，看着身边的人都套着，心想“一堆人套着有伴”，于是就一起扛着，到最后看着自己的股票亏了一半，甚至更多，再看看身边其他人，都因提前“割肉”，亏得比自己少，心里又开始嫉妒了，痛恨自己为什么不早“割肉”。他们内心越是嫉妒别人，越是痛恨自己，自信心就越会慢慢地消失，意志力也会慢慢地消沉，最后放弃抵抗，闭着眼睛咬牙“割肉”出局，“羊群效应”再次显现。

这一阶段正好与牛市第一阶段的初段吻合，有远见和理智的投资者会认为这是最佳的吸纳机会。这时购入低价优质股，待大市回升后可获得丰厚回报。

牛市如果还继续涨得更高，就成了大牛市、疯狂大牛市、大泡沫。熊市如果还继续暴跌，就成了大熊市、恐慌性大熊市、大崩盘。一般来说，A 股的熊市经历的时间要比牛市长，平均历时长度是牛市的 1.5 ~ 2.5 倍，不过每个熊市的具体时长都不尽相同，皆因市场和经济环境的不同。

讲了这么多牛市和熊市中投资者的表现，其中要说的关键问题是什么呢？关键是我们要知道现在投资人的心理周期和估值水平周期的钟摆摆到了什么节点，目前行情处在牛市和熊市的什么位置。

2.2

创建牛熊高度指标

2.2.1 我们应该如何应对牛熊市

聪明投资者最好的投资方式是做好资产配置。在牛市来临之前，必须持有更多的股票或指数基金；当市场进入牛市时，股票或指数基金大幅上涨，获得超额收益。在熊市来临之前，必须持有更少的股票或指数基金；当市场进入熊市时，股票或指数基金虽然也下跌，但因为持有量很小，总体亏损就很少。最终，实现牛市中多赚钱，熊市中少亏钱。

把握当下市场所处的位置

我们应该如何把握市场所处的位置呢？翁量认为要分两个步骤去研究：第一步是定性分析大多数投资者的情绪，第二步是量化由市场情绪所推动的估值水平。

1. 我们如何定性分析大多数投资者的情绪

霍华德·马克斯在《周期：投资机会、风险、态度与市场周期》一书中，用投资者的情绪温度指标来反映投资者的情绪状态，具体指标如下：

表 2-2-1　投资者的情绪温度指标

经济现状	生机勃勃	停滞不前
经济展望	正面有利	负面不利
贷款机构	急于放贷	缄默谨慎
资本市场	宽松	紧缩
资本供给	充足	短缺
融资条款	宽松	严格
利率水平	低	高
利差水平	窄	宽
投资人	乐观 自信 渴望买进	悲观 忧虑 无心买进
资产持有人	乐于持有	急于卖出离场
卖家	稀少	众多
市场	人群拥挤	乏人问津
基金	申购门槛高 每天都发新基金 基金管理人说了算	向所有人开放申购 只有最好的基金才能募资 基金投资人有话语权
近期业绩表现	强劲	萎靡
资产价格	高	低
预期收益	低	高
风险	高	低
流行风格	激进 四处投资	审慎且自律 精挑细选
正确风格	审慎且自律 精挑细选	激进 四处投资
易犯错误	买进太多 高价追涨 承受太多风险	买进太少 离开市场 承受太少风险

针对如上指标的每一组特点，勾选出我们认为最能描述市场两端的词，如果打钩的项目大多数在表格中间那一列，我们就要开始谨慎，要

捂紧钱包。这些指标告诉我们，现在市场所处的位置以及未来市场的走势。

当市场走到极端，会不可避免地出现估值水平过度偏离历史正常水平的现象。而估值水平，是大多数投资者心理产生的结果，也是这些投资者心理失常的症状和指示器。

2. 量化由市场情绪所推动的估值水平

如果估值水平没有偏离历史正常水平，市场在上涨和下跌的两个方向上就不可能走过头。另外，市场周期每次都不同，包括波动幅度的大小、速度的快慢和持续的长短。市场在极度高估或极度低估时的投资者状态虽然具有相似性，但是市场走势在具体波动过程中表现的状态并不是非常规律，也就是市场在达到极度高估或极度低估的期间，可能会朝着三个不同的方向运动：上行、平行和下行。

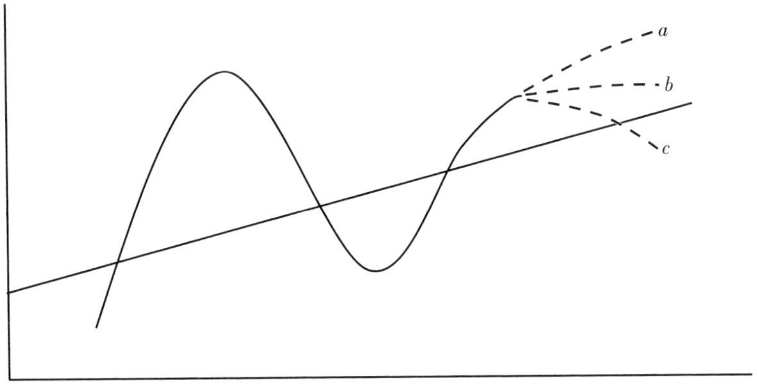

图 2－2－1　市场短期的运行方向

如图 2－2－1 所示，这三个不同的方向分别用 a、b 和 c 来表示。从短期看这三个方向出现的概率不分大小，实际的方向受到当时发生的重大事件和大多数投资者的情绪影响。但从长期来看，中间类似横盘的 b 方向不可持续，即使持续一段时间，当发生重大事件时，大多数投资者的情绪发生了变化，最终会导致市场选择向上（*a* 方向）或者向下（*c* 方向）。横盘又称盘整，横盘是指股价在一段时间内波动幅度小，无明显的上涨或下降趋势，股价呈牛皮整理。该阶段的行情振幅小，方向不易把握，也是投资者最迷惑的时候，因为向上突破或向下突破均可能发生。

从长期来看，市场只有向上（*a* 方向）或者向下（*c* 方向）。到底向上的概率大，还是向下的概率大呢？这要取决于当时所处的历史估值水平。

①假设目前行情已经从一个极端开始摇摆到另一个极端，还没有越过估值中枢，所在位置用估值的形式表示如图 2－2－2 所示。

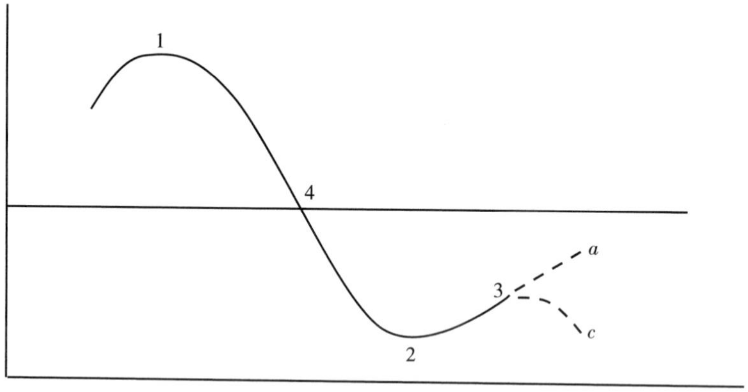

图 2－2－2　市场短期的运行方向

上图中的位置 4 表示历史估值的中枢，位置 1 表示上次牛市顶部的估值，位置 2 表示上次熊市低位的估值，位置 3 表示行情所在的估值。

位置 3 的估值还没超过历史估值中枢，离位置 2 的估值还比较近，此时市场的运动方向大概率以趋势为主继续向上。但也不完全都是这个方向，小概率存在掉头向下走出 *c* 方向，可能由于当时发生重大事件影响股市，如外围市场出现巨幅下跌、本国经济出现巨大利空等特大事件。关于这方面的判断技巧，翁量后面专门用一个章节来阐述。

②假设目前行情已经从一个极端开始摇摆到另一个极端，而且已经越过估值中枢，所在位置用估值的形式表示如图 2 –2 –3 所示。

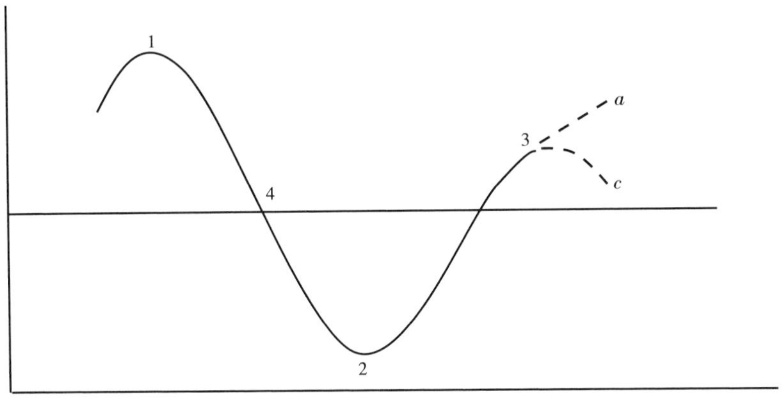

图 2 –2 –3　市场短期的运行方向

如果位置 3 的估值刚过历史估值中枢，离位置 1 的估值还比较远，此时市场的运行方向大概率以趋势为主继续向上，但也不完全都是这个方向，小概率存在掉头向下走出 *c* 方向，可能是由于当时发生重大事件影响股市，如外围市场出现巨幅下跌、本国经济出现巨大利空等特大事件。

如果位置 3 的估值和历史估值高位 1 接近的话，此时市场趋势虽然还是向上，但泡沫已经很大，聪明的资金开始慢慢逆向撤离，直到有一天，卖出资金大于疯狂追高的资金，市场就开始见顶回落，此时市场向下的方向就会形成。受到恐慌抛售和下跌方向的影响，先知先觉的投资者已经卖完，后知后觉的投资者在刚出现恐慌下跌时就开始抛售，不知不觉的投资者深套其中。

总　结

也许你觉得投资者情绪温度指标不够精准，太过于感性。在本章中，翁量将告诉你如何创建精准的“牛熊高度”指标，来判断熊市底部和牛市顶部。

从该情绪温度指标上看，市场在极度高估（牛市顶部）或极度低估（熊市底部）时的投资者状态虽然具有相似性，但是市场走势在具体波动过程中表现的状态并不是非常规律，也就是市场在达到极度高估或极度低估的期间，可能会朝着三个不同的方向运动：上行、平行和下行。翁量对这三个不同的方向进行概率性判断。这种判断可以帮助我们应用“顺势而为”思维，获得更好的收益率。

2. 2. 2　秘而不宣的巴菲特指标

巴菲特在 60 余年的投资生涯中，不仅赚到富可敌国的个人财富，还创造了凭借投资方式成为世界首富的传奇。全世界研究和学习巴菲特的投资者数以万计，但大多数人是囿于巴菲特价值选股的护城河、不熟不做的能力圈、安全边际和长线持有等范围，却很少有人研究巴菲特在牛市和熊市中的仓位管理策略。

被世人忽视的巴菲特仓位管理法

现在我们参考庞浩所著《跟巴菲特学习仓位管理》一书中的数据，来剖析巴菲特在牛市和熊市中的投资特点。在长达 52 年的时间，巴菲特所管理的公司取得了 8843 倍的涨幅。他创造了高达 19% 的年复合增长率，远超同期美国标普 500 指数平均 9. 7% 的增长率（标普 500 指数同期涨幅约127倍）。

通过分析52年巴菲特的业绩，我们可以发现：

52年之中，投资收益率超过50%的只有1年；

52年之中，投资收益率在40%～50%的有5年；

52年之中，投资收益率在30%～40%的有7年；

52年之中，投资收益率在20%～30%的有9年；

52年之中，投资收益率在10%～20%的有9年；

52年之中，投资收益率在0～10%的有19年；

52年之中，投资收益率为负数的只有2年。

为什么在52年中没有一年投资收益率超过60%的人，却能够成为世界首富？

为什么52年中有21年，也就是将近一半的年份，投资收益率低于10%的人能称霸股坛？

巴菲特财富增长的秘诀不在于一年两年的暴利，而在于持续稳定的复利。

我们来看巴菲特业绩表里关键的几个年份：

1967年标普500指数涨幅30.9%的情况下，巴菲特的投资收益率才11.0%；

1975年标普500指数涨幅37.2%的情况下，巴菲特的投资收益率才21.9%；

1999年标普500指数涨幅21.0%的情况下，巴菲特的投资收益率才0.5%。

为什么这些年份里，巴菲特的投资收益率会大幅低于标普500指数涨幅？不是因为巴菲特的股票涨得不好，而是这些年份是美国牛市的后期时间，也就是股市即将见顶，巴菲特对股票仓位进行了大幅的减仓。

打个比方，我们手上有 10 万元，投资 5 万元购买基金，假设基金涨了 20%，5 万元的基金给我们带来的收益是 5×20%=1 万元。但是，1 万元的收益对总账户来说收益率是多少呢？是 1 万除以 10 万等于 10%。为什么基金涨了 20%，总收益才 10%？因为我们只用一半的资金，也就是一半的仓位。所以巴菲特在牛市后期的年份，收益率不仅没有跑赢标普 500 指数，而且落后很多，主要原因是巴菲特在牛市后期大幅减仓了。

下面，我们来看标普 500 指数大跌的年份：

1974 年标普 500 指数跌幅 26.4% 的情况下，他不仅没有亏损，反而赚钱了，投资收益率达到了 5.5%；

2002 年标普 500 指数跌幅 22.1% 的情况下，他不仅没有亏损，反而赚钱了，投资收益率达到了 10%；

2008 年标普 500 指数跌幅 37.0% 的情况下，这次他也亏损了，但是只亏了 9.6%，比标普 500 指数少亏了非常多。

为什么这些年份里，在标普 500 指数大跌的情况下，巴菲特不仅没有亏损，反而赚钱了，或者只亏了小钱？因为这些年份是美国熊市的时期。在牛市后期巴菲特大幅减仓了，虽然少赚了牛市后期的钱，但是在牛市结束后开始暴跌的过程中，因为仓位很小，没有遭遇大的亏损，反而在熊市后期低点附近抄底，买到重仓，也就是非常大的仓位，当行情稍为反弹一些，巴菲特就开始赚钱了。

“前无古人后无来者”的巴菲特，被誉为“有史以来最伟大的投资大师”，他把风险控制作为投资考量的第一要点，提出投资的三原则：第一条，不要亏钱；第二条，不要亏钱；第三条，牢记前两条。虽然他的那句“别人贪婪的时候我恐惧，别人恐惧的时候我贪婪”的格言尽人皆知，却很少有人思考和理解其背后的含义。别人贪婪指的是牛市后期，巴菲特恐惧地减仓；别人恐惧指的是熊市后期，巴菲特贪婪地加仓。

从短期来看，比巴菲特业绩更优异的投资者非常多，甚至在牛市翻倍的投资者也非常多，但是巴菲特所见长的并不是“赚得快”，而是“赚得久”。他绝非投资赛场上的“百米冲刺冠军”，却是投资“长跑”中最终的胜出者。

我们应该向巴菲特学习“熊市底部重仓，牛市顶部轻仓”的仓位管理思路。这个道理很多资深投资者都知道，但是只知其概念，并不知如何实操。很多资深投资者也不懂得如何牛市减仓和熊市抄底，他们经常抄底在半山腰。

巴菲特指标

在 1999 年 11 月 22 日，美国《财富》杂志发表了一篇题为《巴菲特先生论股票市场》的文章。在这篇文章中，巴菲特首次提到了一个指标，之后人们称之为巴菲特指标，就是一个国家股市的总市值除以国民生产总值所得到的比值。巴菲特说：“在任何时候这个指标都能衡量股市的估值，这个指标大于 100%，表示股市过热，这个指标低于 50%，表示股市被低估，合理的位置应该在 70%~80% 左右。”

这一指标在过去 5 次美国大牛市巅峰时间的 1969 年、1972 年、1987 年、2000 年和 2007 年均出现过大于 100%，随之而来的便是美股的连续暴跌。那么巴菲特指标是否适用于美国以外的证券市场呢？我们来看一组数据：

1989 年日本牛市巅峰时，巴菲特指标达到 146%；

2000 年英国牛市巅峰时，巴菲特指标达到 188%；

2000 年法国牛市巅峰时，巴菲特指标达到 103%；

2007 年韩国牛市巅峰时，巴菲特指标达到 107%；

2007 年中国 A 股牛市巅峰时，巴菲特指标达到 136%；

2015 年中国 A 股牛市巅峰时，巴菲特指标达到 122%。

显而易见，巴菲特指标在很多国家都获得验证，它是可以用来判断股市是处于“牛市后期过热”情形还是处于“熊市后期被低估”情形的指标。但是在使用上，一定要结合此参照基准——一个国家股市的历史表现。

真理掌握在少数投资者的手中，是因为大多数投资者只看见事物的表象，而没有深入研究巴菲特指标的本质。真正懂得使用巴菲特指标的投资者少之又少，导致该指标目前还未流行（越流行的指标越失灵），所以我才把巴菲特指标看成秘而不宣。

金无足赤，人无完人。巴菲特指标虽然好用，让我们在投资大方向上不会犯错，但是它也不是完美的。我们还需要在实践中摸索前进，终会找到更完美、更精准的。从下一节开始，翁量将带大家一起探索更完美的巴菲特指标。

2.2.3 衡量股市的高估与低估

不谋万世者，不足谋一时；不谋全局者，不足谋一域。纵观中国 A 股二十多年来的市场表现，基本上呈现“牛短熊长”的大周期格局，而且市场整体波动幅度和频率都明显高于欧美等成熟资本市场。

这些特征使投资者很难把握市场的运行节奏，很容易导致“高买低卖”，从而出现亏损。对长期投资者来说，如果不幸在高位买进，后期不仅利润不高，而且还容易亏损。幸运的是，不少投资者学会了定投，可以摊平投资成本，长期下来可以实现良好的收益率。但我们不应仅仅满足于此收益率，还可以通过学习巴菲特管理仓位的思路，降低投资风险，提高投资收益率。

除了巴菲特指标，能够用来判断股市过热还是低估的指标还有很多，如我们常用的整体股市的市盈率（PE）指标。

用市盈率的规律来判断股市的高估与低估

投资者通常利用市盈率（PE）来估算某股票的投资价值。假设该股票绝大部分时间的市盈率保持在20~30倍，当某时间段市盈率小于20~30倍这个区间，说明股价被低估，投资风险小、回报率高，值得购买；市盈率大于20~30倍这个区间，则说明股价被高估，投资风险大，未来投资回报率低，该股票的价格具有泡沫，购买时应谨慎。

刚才说了，市盈率用来估算某股票的投资价值，以判断股价究竟是高估还是低估，那么整个A股市场的高估和低估该如何判断呢？股票可以用市盈率（PE）来估值，整个A股市场同样可以用市盈率进行估值。

图2-2-4　2009—2020年A股上证指数平均市盈率走势

图2-2-4是A股上证指数平均市盈率走势，在2014年6月，市盈率低到10倍左右，是最近几年间最低估值。历史上达到10倍左右的低位都比较少，所以自2014年7月起，A股行情就开始上涨，之后来了一拨大牛市，涨到2015年6月的5178点。

由图2-2-4可知，A股上证指数平均市盈率大部分时间在10~25

倍波动。根据市盈率（PE）进行仓位管理：若指数 PE 低于 15 倍，基金则可以重仓、基金定投可以加大力度；若指数 PE 低于 10 倍，基金仓位则可以更重些，定投可以更大力度；若指数 PE 高于 20 倍，基金仓位则可以减仓并保留中小仓位，基金定投就可以减少力度；若指数 PE 高于 25 倍，基金仓位则可以继续减仓并保留更小仓位，基金定投可以停止。

A 股这种市盈率的规律算不算独有，还是全球股市都有这样的规律呢？其实全球主要中等发达或者发达国家股市的市盈率都有类似的规律，如美国股市标普 500 指数的市盈率。

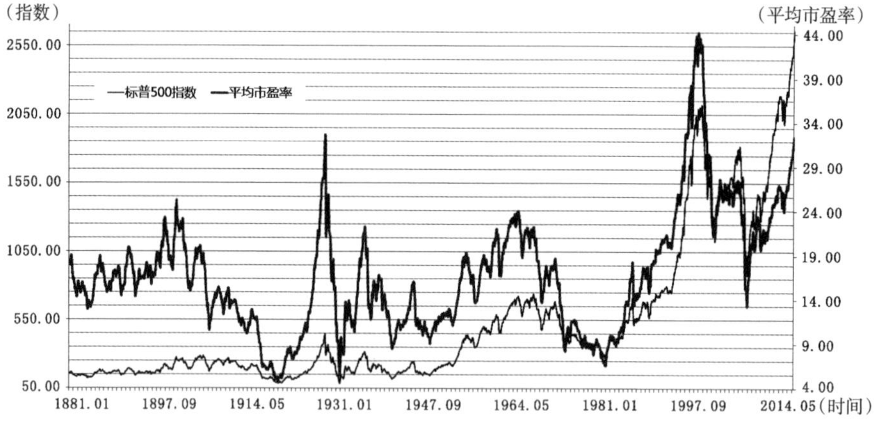

图 2－2－5　1881—2014 年标普 500 指数和平均市盈率对比

如图 2－2－5 所示，无论标普 500 指数后期涨幅有多高，其市盈率大部分时间都在 10～25 倍波动，小部分时间会低于 10 倍或者大于 25 倍。

其他国家的股市市盈率还有类似的规律吗？图 2－2－6 为英国股市的市盈率走势，图 2－2－7 为日本股市的市盈率走势，图 2－2－8 为印度股市的市盈率走势，图 2－2－9 为西班牙股市的市盈率走势。

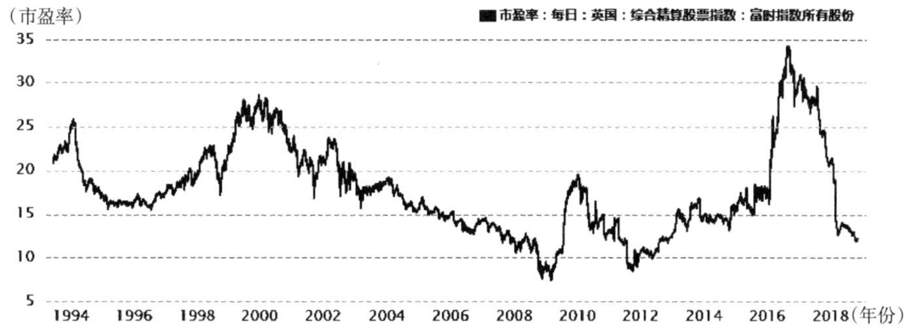

图2－2－6　1994—2018 年英国富时指数市盈率的走势

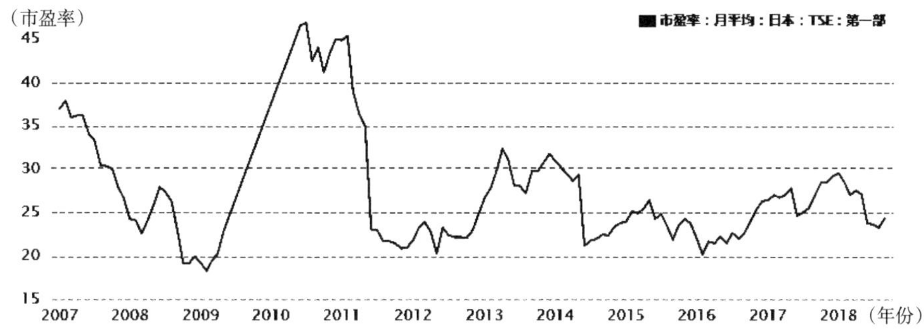

图2－2－7　2007—2018 年日本股市市盈率的走势

图2－2－8　1990—2018 年印度股市市盈率的走势

图 2-2-9　1992—2018 年西班牙股市市盈率的走势

这些国家的股市市盈率大部分时间在 10 ~ 25 倍波动，小部分时间会低于 10 倍或者大于 25 倍。市盈率低于 10 倍表示当时的市场过于悲观，指数容易出现历史低点；市盈率大于 25 倍表示当时的市场过于疯狂，指数容易见历史高点。其实，大部分发展中国家和发达国家的股市市盈率都有此规律，当然还有极少部分的极端行情，我们需要另外单独处理。

我们已经知道了股市市盈率的大体规律，这个规律可以帮助我们判断当下股市是低估还是高估。而所谓的高估和低估只是相对估值中枢而言。什么是估值中枢？就好像某个人在人们的眼中有胖或瘦的评判。虽然每个人的审美不一样，但是如果这个人太胖或者太瘦，大家一般容易判断出来；当不太胖和不太瘦同时出现的时候，到底是胖还是瘦，争议会比较大，因为没有明显的评判标准，那么这部分争议比较大的区域就是胖瘦中枢。股市的估值中枢正是如此，也没有很明确的标准，股市市盈率的中枢大体在 15 ~ 20 倍。

当某时间段市盈率小于 15 倍，特别是小于 10 倍，往往说明这个时间段的股市被低估，投资风险小，回报率高，值得购买；当某时间段市盈率大于 20 倍，特别是大于 25 倍，往往说明这个时间段的股价被高估，投资风险大，回报率低，该股票的价格具有泡沫，购买时应谨慎。总之，通过股市市盈率估值法，我们能够知道当下股市的估值是否合理，是高估还是低估。

2.2.4 只有量化才能管理好投资

我们通过股市市盈率能够判断股市的估值是否合理，是高估还是低估。根据股市的高估或者低估，我们就知道何时应该重仓或轻仓，这就解决了仓位战略的大方向。做到这一点，从长期来说，我们已经不会亏钱了，就能胜过大多数的投资者。

判断市场不能凭感觉

格雷厄姆在《聪明的投资者》一书中说："当感觉市场已处于危险的高位时，将股票持有比例减少到 25%，并在感到股价的下跌已使其吸引力与日俱增时，将持股量提升到最大限度即 75% 的比例。"这句话中的关键词是"感觉"，翁量不明白当时格雷厄姆为什么要用这个词，因为"感觉"这个词对每个人而言是不一样的。一般来说，人们看到利好消息就会感觉要涨，看到利空消息就会感觉要跌，更何况大多数人的感觉是错误的，就连大部分专家的感觉也是错误的，否则在 2015 年股市达到 5000 点时，那些专家为什么还喊股市会达到 10000 点呢?

巴菲特 60 年间最经典的一句话是："在市场中，别人贪婪的时候我恐惧，别人恐惧的时候我贪婪。"但是巴菲特并没有对外公开，别人到底如何贪婪巴菲特才会恐惧，别人到底如何恐惧巴菲特才会贪婪。没有标准就不可复制。比如在 2015 年 1 月的时候，A 股经半年时间从 2000 点上涨到 3400 点，市场交易量快速放大，股民和基民开户数量剧增，你看散户都开始贪婪了，如果你认为是时候可以恐惧了，并且开始卖出你的全部股票或股票型基金，等你卖完，市场也振荡了 1 个多月，接着开始继续疯狂上涨，最后涨到 5178 点牛市才见顶。再比如在 2018 年 6 月，A 股就经 5 个月时间从 3587 点下跌到 3000 点。市场恐慌极了，不少投资者纷纷“割肉”出局，如果你认为是时候可以贪婪了，并且开始全部进场，等你买完，市场也就反弹了 1 个月左右，又继续恐慌下跌，2018 年的最低点在 2449 点。那我们如何判断别人的贪婪和恐惧，靠感觉吗？还是需要一套客观的标准呢？

只有量化才能管理好投资

凡是不可量化的事物，都不可管理。何为量化管理？用数学的方法来考察和研究事物的运行状态和性能，以及关键的决策点及操作流程，以求对事物存在和发展的规模、程度等作出精确的数字描述和科学控制。

纵观中国 A 股将近 30 年的市场表现，基本上呈现“牛短熊长”的大周期格局，而且市场的整体波动率也明显高于欧美等市场。同时，更长的时间里股市均表现为振荡市场，所谓的振荡市场就是指行情跌宕起伏，其特征是短线和波段投资增多，市场人气不稳，股价大起大落。如是宏观基本面、政策面利空引起的振荡，时间会比较长，幅度会比较大。如是供求面、市场面引起的振荡，时间不会太长，幅度也不会太大。一轮行情的序幕、发展、高潮与结束，普遍经历过筑底吸货的振荡阶段、拉升途中的振荡阶段、高位出货的振荡阶段和下跌途中的振荡阶段。而身处这些长时间振荡市场，我们能否想办法增加收益呢？翁量在长期实战过程中经过统计，发现在振荡市场中波段利润平均年化收益率可以达到 8% ~15%，盘中高抛低吸 T +0 的利润可以达到 6% ~9%。这些只是在做好价值投资的基础上所增加的利润。最根本的投资方式依然是价值投资，牛市高位减仓和熊市低位加仓，会增加价值投资的收益，波段操作和盘中 T+0 操作是更小范围的锦上添花。

无法量化的投资，都不可持续盈利；只有量化才能管理好投资。翁量把整套可量化管理投资的策略称为“量攻略”。

2.2.5 如何设计牛熊高度指标

什么是牛熊高度指标

翁量在 2013 年开发了一个计算股市牛市和熊市的指标，把它命名为“牛熊高度”。牛熊高度的大意是：目前行情处在熊市和牛市之间的定位比例，比如我们爬一座山，牛熊高度 33% 的位置，就是我们从山脚开始爬山已经爬了 33% 的路程，假如山的海拔是 1000 米，那我们已经爬了 330 米。牛熊高度用 20 年长度的格局观给现在的行情进行定位，让我们对未来的收益和风险有个比较。

牛熊高度已经验证过多轮的牛熊市，比如在 2014 年牛市前，牛熊高度指标指导翁量满仓抄底，并且在 2015 年提早 11 个交易日左右牛市跑顶，之后在 2015 年 8 月底开始分批进场，并且在 2016 年 2 月又加仓到满仓，之后在 2018 年 1 月减仓剩下 50% 仓位，最后在 2018 年 10 月 19 日又满仓抄底，通过消费股和消费股基金获得了超额收益。

翁量除了把握好牛市高抛跑顶和熊市底部满仓抄底外，波段也做得比较顺利，图 2-2-10 就是翁量在 2016—2017 年所做的波段效果。

图 2-2-10　2016—2017 年波段轨迹

图 2-2-11 是翁量在 2018 年所做的波段效果。

图 2-2-11　2018 年波段轨迹

图 2 - 2 - 12 是翁量在 2019 年所做的波段效果。

图 2 - 2 - 12　2019 年波段轨迹

简单讲，牛熊高度是以巴菲特指标、国内生产总值（GDP）、A 股长期趋势、A 股整体估值、A 股 20 年的指数中枢（中枢理论来自“缠中说禅”）为参照，来划分牛熊程度，设计牛熊高度。理论仓位 = 1 - 牛熊高度，假设今日的牛熊高度计算出来是 25%，理论仓位是 100% - 25% = 75%。

如何设计你的牛熊高度指标？

知道原理后，你也可以初步设计牛熊高度的指标，比如你可以用上证指数市盈率来设计。上文已阐述上证指数历史市盈率大部分时间在 10 ~ 25 倍波动。假设把上证指数市盈率 10 倍设为牛熊高度为 0 的位置，把上证指数市盈率 25 倍设置为牛熊高度为 100% 的位置。你可以搜索“上海证券交易所”，在官网上查看当日上证平均市盈率。假设当日上证平均市盈率为 13 倍，那么牛熊高度 = (13 - 10) ÷ (25 - 10) × 100% = 20%，理论仓位 = 1 - 20% = 80%。为了提高牛熊高度的精准度，你也可以用沪深 300

指数或深证成指来设计牛熊高度指标，再参考巴菲特指标等，把这些数的平均数作为最后的牛熊高度指标。

在股票或者指数基金的实际仓位管理方面，还要根据自己的性格和资产配置进行调整，比如在熊市低位最大的仓位可以为75%，在牛市高位最小仓位可以为25%。这就是格雷厄姆著作《聪明的投资者》第一章描述的“当感觉市场已处于危险的高位时，将股票持有比例减少到25%，并在感到股价的下跌已使其吸引力与日俱增时，将持股量提升到最大限度即75%的比例”。

在持仓方面，还要根据自己的投资风格进行调整，大部分投资者适合25%以下重仓，25%～75%中等仓位，75%以上轻仓；也可以牛熊高度每变化25%调整一次仓位，波段高手也可以根据每个波段的高低点再结合牛熊高度进行仓位调整。

技术派高手除了提早判断行情拐点的左侧交易外，还可以采用顺势而为的右侧交易。右侧交易是指行情开始进入上涨趋势或者下跌趋势后，才开始改变多空思维。比如，我们根据是否在趋势线上调整仓位，或者突破或跌破年线、半年线等关键均线来调整仓位；比如，牛市中虽然牛熊高度开始变大，执行减仓的动作可以等待牛市见顶后下跌破30日或60日均线再开始执行。

牛熊高度指标能给我们带来什么好处？

①可以避免熊市下跌导致的大幅亏损。根据牛熊高度来判断牛市高位，在牛市高位我们可以减些仓位，换到其他投资品种上，如债券基金、货币基金和银行固定收益理财品种。

②普通投资者更适合用这种方法避免追涨杀跌。避免熊市尾巴和牛市刚启动的时候小仓位，牛市中间阶段加资金进场，牛市尾巴再加资金

进场，熊市尾巴又“割肉”。牛熊高度指标能够帮助投资者解决上述问题。

③采用该指标，不用每天考虑行情涨跌。用机械式的数据来控制仓位，不会因为仓位小怕踏空，也不会因为仓位重怕下跌，无论行情涨跌都是非常高兴的事情。最好市场经常性大跌一拨，再大涨一拨，来回折腾，这对我们来说，差价利润就更多了。

④巴菲特说：“在股市上下波动时会使投资者有各种各样的想法，这会妨碍我们做出正确的选择。一个投资者必须把他的思想和行为与在市场中肆虐的、极易传染的情绪隔绝开来，才有可能取得成功。”巴菲特的成功不是说他心理承受力超越了旁人，不受市场变化的影响，而是他认识到人不能克服具体事情对心理的干扰。他搬到乡村，办公室里不要电脑，把市场变化和自己隔离开，这是巴菲特的真正高明之处。牛熊高度指标也可以起到这种作用：让我们不受市场情绪的干扰。

2.3

牛熊高度实战应用

2.3.1 熊市低位分批买和牛市高位卖

方法我们已经知晓，应该如何实战呢？从 2017 年下半年起，翁量就把仓位管理的记录通过微信公众号实时公布。现在我们回顾一下 2018 年 1 月 25 日翁量是如何减仓的，图 2－3－1 为 2016—2018 年上证指数的走势。

图 2－3－1 2016—2018 年上证指数的走势（日线，不复权）

收盘价的最高点发生在 2018 年 1 月 26 日，翁量于 1 月 24 日就开始减仓，剩下50%仓位，也就是从2016年2月满仓，随着行情上涨即将2年时间，越涨越减仓，剩下50%仓位。

2018年1月，股市连续暴涨13个交易日，创出了2年来的新高，看起来欣欣向荣，不少专家喊出股市会继续涨到5000点。但是，翁量依然根据牛熊高度指标进行了减仓，之后行情开始半个月的暴跌，最后政策上降低金融杠杆的声音越来越响，导致2018年的股市变成让很多人意外的熊市。

而翁量提早预留出现金，在2018年暴跌后根据牛熊高度分批进行了加仓，并且在2018年10月19日上证指数2450点满仓抄底。在满仓抄底前一个晚上，翁量发布微信公众号文章《牛熊高度为1%，将启动"满仓+定投"》。文章中翁量给出上证指数2450点要满仓的抄底计划，摘录部分如下：

（上证指数）2450点也是牛熊高度为0的位置，行情能到2450点就满仓（科学的满仓=120%－年龄%，稳健的用保险公司算法"100%－年龄%"）。……

图2－3－2　1991—2018年上证指数的趋势

跌到这个位置（进行）满仓（抄底）也是翁量提前两年规划的

（投资）计划，现在要严格执行交易计划，知行合一。如果小于2450（点），能否冒进点？翁量会根据账户跌多少钱补多少钱，再继续执行定投计划，定投要保持熊市不可停止投入。

2018年上证指数跌幅24.5%，深证成指跌幅34.4%，而翁量的账户市值只微跌5.05%。大幅跑赢了市场。主要原因是翁量根据牛熊高度指标在2018年1月25日大幅减仓，在后面暴跌中也根据牛熊高度指标慢慢加仓。并在上证指数最低点2450点附近，因牛熊高度达到0，开始满仓抄底。在2018年股市下跌过程中，翁量通过波段高抛低吸降低了成本，而且所选择的投资品种也跑赢了大盘。随着2019年股市的回升，翁量的账户开始赚钱，并且获得超过50%的收益率。

翁量从2012年就开始使用这套方法。在2014年初满仓，在2015年4780点空仓，11个交易日后股市见顶，随后开始暴跌，下跌到2016年2月又开始满仓抄底，之后行情展开两年的慢牛格局。总之，牛熊高度指标可以帮助我们做到熊市低位重仓或满仓，牛市高位轻仓或空仓。

2.3.2 根据风险承受力来做资产配置

上文我们提出了应变比例资产配置这个概念。应变比例资产配置是根据资本市场环境及经济条件，对资产配置状况进行动态调整，从而增加投资组合价值的积极策略。而根据牛熊高度调整仓位的策略，就属于应变比例资产配置。

投资者需要设计适合自己的资产配置方案

根据牛熊高度管理仓位的理论，理论仓位＝1－牛熊高度。但是在实际投资中，我们并不能完全按照这个标准执行，因为每个投资者对风险厌恶程度有所不同，风险承受能力也不同。就拿投资者的年龄来说，伴随着岁月的流逝、年龄的增长，人的风险承受能力是不断下降的，在这样的情况下，投资应该越来越保守。

从美国投资领域的资产配置实践看，“100－N”配置法得到了绝大部分投资者的认可。“100－N”配置法指的是用100减去家庭平均年龄来粗略计算自己在风险性资产中的投资比例，再按照个人的风险承受能力做出适当调整。举个例子，假设你现在35岁，是温和型投资风格，就可以将65%的资产投资于风险较高的投资工具上，如有10万元资金，也就是6.5万元可以投资在股市中。当我们有了牛熊高度理论后，股票（或股票型指数基金）的最大仓位为6.5万元，最小可以为空仓。

除了年龄会影响投资者的风险承受能力之外，还有个人能力、家庭情况、工作情况、收入情况等。所以，我们在灵活应用牛熊高度管理仓位时，要根据每个投资者的风险厌恶程度、风险承受程度和流动性等条件，来量身定制适合的资产配置方案。

实际上大部分投资者不了解自己的风险承受能力，需要进行专业的风险承担能力测试。但大部分投资者能大体知道自己厌恶风险的程度。所以本节从投资者对风险厌恶程度展开，讨论如何灵活应用牛熊高度管理仓位。对我们普通投资者来说，资产配置的投资品种是以权益类和固定收益类为主。

如何设计出适合你的资产配置方案?

根据投资者对风险厌恶程度的不同，可以把投资者分为保守型、成长型、稳健型和进取型。保守型的资产配置风格：对某些低风险资产相对高比例持有，如现金、短期理财、固定收益资产等。成长型的资产配置风格：对权益类资产高比例持有，如高波动股票、股票型基金或低等级债券。稳健型的资产配置风格：通常注重平衡配置，在上述两种风格之间。进取型的资产配置风格：不仅对权益资产高比例持有，而且在熊市低位搭配使用杠杆。

在实际投资过程中，我们根据以上投资者的分类，将恒定比例资产配置和应变比例资产配置这两类结合，得出如下初步的规划：

①保守型的资产配置：80%的资金投资在固定收益类品种，20%的资金根据牛熊高度进行股债平衡。

例如，10万元资金，8万元买入固定收益类品种，2万元根据牛熊高度进行股债平衡。假设此时牛熊高度为60%，2万元的资金分配为0.8万元（2×40%）的股票型指数基金（人们习惯简称它为“指数基金”）和1.2万元（2×60%）的固定收益类品种。最后固定收益类品种持仓9.2万元（8+1.2），指数基金持仓0.8万元。

假设运气不好，一年时间指数基金亏了一半。此时指数基金仓位为0.4万元，固定收益类品种为9.66万元（收益按5%年化收益率计算），最后的总资产为10.06万元，比之前本金10万元还多0.06万元。

这个案例中，即使指数基金亏了一半，最后本金不仅没有亏损，而且还有小幅盈利。如果时间还不到一年，指数基金亏损达到一半，就可以进行止损，控制资产不再继续损失，通过固定收益类品种的收益来弥补指数基金的损失。

如果案例中的指数基金不是亏损一半而是翻倍了呢？此时指数基金持仓为1.6万元，固定收益类品种为9.66万元（收益按5%年化收益率计算），最后的总资产为11.26万元，收益率达到12.6%。

这种保守型的资产配置，在运气最不好的情况下（指数基金亏损一半），最后总资产不仅不亏损，还有小幅盈利。但是在运气好的时候（指数基金翻倍），收益率达12.6%。

②成长型的资产配置：20%的资金投资在固定收益类品种，80%的

资金根据牛熊高度进行股债平衡。

例如，10 万元资金，2 万元买入固定收益类品种，8 万元根据牛熊高度进行股债平衡。假设此时牛熊高度为 30%，8 万元的资金分配为 5.6 万元（8×70%）的指数基金和 2.4 万元（8×30%）的固定收益类品种。最后固定收益类品种持仓 4.4 万元（2+2.4），指数基金持仓 5.6 万元。

如果之后行情下跌，指数基金亏损金额会比满仓亏损来得少。假设经过一年时间的股市上涨，指数基金净值翻倍了，牛熊高度达到 90%。固定收益类品种持仓 4.62 万元（收益按 5% 计算），指数基金持仓 11.2 万元（5.6×2）。此时，投资者的总资产为 15.82 万元（4.62 +11.2）。

现在，如何进行资产配置再平衡呢?

投资者应该将总资产 15.82 万元的 20% 换入固定收益类品种，也就是 3.164 万元（15.82×20%）；12.656 万元（15.82×80%）根据牛熊高度进行股债平衡。牛熊高度为 90%，12.656 万元的资产分配为 1.2656 万元（12.656×10%）的指数基金和 11.3904 万元（12.656×90%）的固定收益类品种。最后固定收益类品种持仓 14.5544 万元（3.164+11.3904），指数基金持仓 1.2656 万元。

③稳健型的资产配置：50% 的资金投资在固定收益类品种，50% 的资金根据牛熊高度进行股债平衡。它的资产配置和动态再平衡的计算方式与以上两种一致。

投资的结果永远有两个方面：一个是多赚，一个是少亏。虽然从短期看，使用资产配置再平衡，指数基金有可能在牛市减仓之后又继续上涨，也有可能在熊市加仓之后又继续下跌，但是，在牛市高位中我们不断减仓指数基金、加仓固定收益类品种，这也是兑现利润的过程；在熊市低位中，我们不断加仓指数基金，这也是低价收集筹码的过程。从长期看，每次再平衡的操作都是为总资产创造价值的过程。所以从一个完整的牛熊周期来看，资产配置再平衡必然是一种好策略。

④进取型的资产配置。这一类型适合经验丰富的投资者。真正有经验有水平的投资者更喜欢熊市，他们享受熊市的恐慌，熊市级别越大，意味着未来牛市上涨的空间越大，而且熊市底部区域遍地都是廉价筹码，只要准确把握时机，买到筹码后长期持有，就能轻松获利。

但是，熊市底部区域不是年年都会有。A 股平均 5 年左右来一次熊市底部，美股有时超过 10 年才来一次熊市底部，比如美股在 2008 年金融危机产生的熊市底部后，保持了 12 年的牛市。包括巴菲特、戴维斯家族和邓普顿在内的众多投资大师，特别珍惜熊市底部区域，他们通常会加杠杆。通俗地讲，股票杠杆是指通过借款来购买股票。

杠杆其实是一把双刃剑，如果风险控制不好，很可能导致巨大亏损。巴菲特利用保险浮存金来上杠杆已经不是新闻——虽然他的致股东信中屡屡劝人不要上杠杆。他大概的意思是“你不是我，千万别学我上杠杆”。巴菲特在 2010 年致股东信中这样说道：“当杠杆为你借力时，你人生得意，你老婆觉得你的脸帅得放光，你邻居嫉妒得满眼放光；但玩杠杆是会上瘾的，你一旦尝到甜头就再也欲罢不能。正如我们小学三年级学到的——但有些人在 2008 年学到——哪怕是再长的一串正数，乘以一个零的话，一切就归于乌有。历史告诉我们杠杆乃是造零的大杀器，哪怕玩杠杆的人聪明绝顶。”

2019 年伯克希尔二季度财报显示，权益性证券投资约 69% 的总公允价值集中在 5 家公司：美国运通公司 187 亿美元、苹果公司 505 亿美元、美国银行 276 亿美元、可口可乐 204 亿美元、富国银行 205 亿美元。截至 2019 年 6 月底，伯克希尔持有 1224 亿美元的现金和现金等价物。我们从财报中可以看出，经过 12 年牛市后的伯克希尔，现在拥有这么多的现金和现金等价物。这也说明巴菲特在熊市中用杠杆，在牛市后退出杠杆，并且减仓了权益性证券。

翁量根据巴菲特的杠杆和仓位思路，再结合牛熊高度理论，认为可以这样加杠杆：股票仓位可以是（1－牛熊高度）＋小比例的杠杆。这个小比例的杠杆可以是10%、20%或者30%。

我习惯将这些杠杆的资金投资在股息率比较高的品种上，让每年获得的股息收益覆盖杠杆资金的成本。比如，2018年底长江电力的股息率达到4.78%，如果之后一整年股价不涨，因为企业利润的增加，后期的股息率就能超过5%，用杠杆资金买长江电力，即使股价一年不涨，获得的股息收益就可以覆盖杠杆资金的利息。

现在我们回头来看“股票仓位可以是（1－牛熊高度）＋小比例的杠杆”是什么意思。假设小比例的杠杆是20%，股票仓位＝（1－牛熊高度）＋小比例的杠杆＝（1－牛熊高度）＋20%＝120%－牛熊高度。

情况一，当牛熊高度为0，也就是熊市底部，股票仓位＝120%－0＝120%，也就是满仓＋20%的杠杆资金。

情况二，当牛熊高度为20%，也就是股市开始上涨一些，股票仓位＝120%－20%＝100%，也就是满仓，此时没有杠杆资金。

情况三，当牛熊高度为90%，技术判断股市见顶了，股票仓位＝120%－90%＝30%，此时只有30%的仓位，也没有杠杆资金。

资产配置可能看起来是个复杂的概念，但它本质上就是选择一个投资组合。当有了牛熊高度之后，就可以量化管理，变得更加简单。

2.3.3 如何用牛熊高度管理投资心态

真正能够让普通投资者长期生存于市场的重要因素之一，莫过于良好的心态。

仓位能影响投资者的心态

当我们刚入市时，以为满仓持有赚大钱才是幸福的，直到成熟后，才发现幸福原来是一种心态，只要能管理好仓位就是幸福。狄更斯说："一个健全的心态比一百种智慧更有力量。"投资新手与老手最大的不同，其实不在于聪慧愚笨，而在于心态的不同。你有什么样的仓位，有什么样的心态，就会成为什么样的投资者。

用牛熊高度指标来管理投资心态

在股市中，我们通过牛熊高度控制仓位，让心平静下来。比如，在2018年1月24日，翁量大幅减仓，只保留50%仓位。原因是我以牛熊高度来计算理论仓位，当时牛熊高度是50%，理论仓位应该是1－50%＝50%。那么这时候是否减仓呢？因为2016—2017年深证成指非常有规律，翁量通过深证成指的趋势线来判断，如图2－3－3所示，行情涨到接近趋势线压力位。

图2－3－3　2016—2018年的深证成指趋势图（日线，不复权）

虽然沪市银行股大幅上涨，但其他板块的股票没有跟上，再看股民开户数量没有增加，那么市场就没有增量资金，所以就决定减仓，减完仓位后就剩下 50% 的理论仓位。但是翁量为什么不减更多的仓位呢？甚至为什么不空仓呢？因为全球主要国家的股市还在牛市中，A 股才涨到牛熊的中枢位置，空仓明显不合适，所以就根据牛熊高度来保留 50% 的仓位。这时翁量就思考：如果突破趋势压力位置，还可以买回去，减仓多少，就买多少。结果做对了，所减仓的那部分避免了大幅的下跌。这时候心态就非常平稳。无论后面继续涨，或者掉头向下开始跌，都已经做好充分的准备，哪怕跌到牛熊高度为 0 的时候，也没有关系。熊市低位可以用更大的仓位买进，下次牛市能够赚得更多。

成功投资的关键在于获得稳定的收益率

俗话说，人比人气死人。在投资过程中，我们不会一帆风顺，总会遇到烦恼的事情。比如在牛市顶部来临之前 1 个月全部卖出股票或股票型基金，也就是清仓了，但是这一个月股市还在疯狂上涨，然后再看着身边朋友都加杠杆满仓赚钱，每天 1% ~3% 的利润，你会着急吗？

你听过英国南海泡沫的故事吗？牛顿在 4 月的时候把持有的南海公司股票全部卖出，赚取了 100% 的利润，可惜他最终没有抵挡住人性中的贪婪，在 6 月南海公司股价冲上 1000 英镑的时候，既后悔又眼红，于是又买入了更多的股票，闪亮化身成为传说中的“接盘侠”，然后泡沫开始破灭，牛顿的两万英镑最后血本无归。牛顿黯然地说出了那句名言：“我能计算天体运行的规律，却难以预料人性的疯狂。”

下面我们来做一道简单的算术题，假设我们初始投入的资金有 10 万元，分为以下 3 种方式：

第一种：第一年收益 100%，第二年亏损 50%，第三年收益 100%，第四年亏损 50%……以此类推，表面上看 100% 减去 50%，还有 50%，实际上每 2 年的平均收益为 0，20 年下来大起大落，不赚不赔，最终还是 10 万元。这种情况有点像牛市里疯狂赚钱，长期满仓，在熊市中又全部亏回去了。

第二种：第一年收益 70%，第二年亏损 30%……以此类推，表面上看每年收益还有 20%，实际上平均每年收益只有 9.1%，20 年后最终是 57 万元。平均每年收益率 9.1% 很容易实现，因为比 A 股过去 28 年的平均收益率 13% 还要低。

第三种：第一年收益 20%，第二年收益 20%……以此类推，平均每年收益 20%，20 年后最终是 380 万元。这 20% 也较容易实现，只要在牛市高位轻仓和在熊市低位重仓，赚取 A 股平均收益率的同时，还能赚取市盈率的增量。

由此，我们可以得出这样的结论：成功投资的关键在于获得稳定的收益率，而不是赚取瞬间高收益。这个瞬间的高收益常常发生在牛市的后期。从这道算术题和牛顿投资英国南海公司的故事中，我们就深刻感受到了牛市后期或牛市顶部来临之前保持轻仓的重要性。这时候不要与身边的人比收益，不要去眼红卖菜阿姨的收益。坚持自己的方法，知行合一，才是正道。

3

术：定投和价值波段的技术

3.1

管理“新兵”用度本定投

3.1.1 指数基金的懒人定投法

基金定投就是定期定额投资基金的简称，是指在固定的时间（如每月8日或者每周三）以固定的金额（如2000元）投资到目标基金中，类似于银行的零存整取方式。这种基金定投法也可以说是懒人理财之法。

基金定投如何摊平投资成本

为了说明这个问题，我们先假设投资者小陈计划每笔定投1000元，在基金净值为1.5元时，定投第一笔；在基金净值下跌至1.0元时，定投第二笔；在基金净值继续下跌到0.5元时，定投第三笔。提问：小陈这三笔定投的成本为多少？

很多人会觉得：1.5元、1.0元和0.5元的中间值或平均值就是1.0元，以此推算小陈这三笔定投的成本为1.0元！果真如此吗？我们来计算看看：

第一笔定投获得基金份额 = 1000元 ÷ 单位净值1.5元（投资金额

除以基金单位净值，手续费暂时忽略，下同）≈667 份；

第二笔定投获得基金份额 = 1000 元 ÷ 单位净值 1.0 元 = 1000 份；

第三笔定投获得基金份额 = 1000 元 ÷ 单位净值 0.5 元 = 2000 份。

小陈共获多少基金份额呢，667 + 1000 + 2000 = 3667 份，而小陈共投入 3 笔，每笔都是 1000 元，总投入是 3000 元。

因此，小陈 3 笔实际投资成本为：3000 元 ÷ 3667 份≈0.818 元，明显比中间值或平均值的 1.0 元还低。

接着设想，如果行情反弹一半，基金净值涨回到 1.0 元，而小陈的成本只有 0.818 元，明显投资盈利了。

请问小陈赚多少钱呢？小陈现在的基金资产等于基金份额 × 基金净值，即 3667 份 × 1.0 元/份 = 3667 元，比总投资本金 3000 元多出了 667 元。这 667 元就是投资利润，投资回报率 = 利润 ÷ 投资总额 × 100%，即 667 ÷ 3000 × 100% ≈22%。

由以上案例，可以看出投资成本的降低意味着发生亏损的概率和亏损的幅度降低。由此可见，基金定投可以有效地降低投资者的投资成本和投资风险。

定投的微笑曲线

行情的走势总是波动的，定投就是为波动市场而生，越是有间歇性下跌机会的市场，定投越能摊平成本和降低风险，坚持定投的行为最终可以印证“时间是熨平波动的最好工具”。图 3 - 1 - 1 就是风靡基金定投界的微笑曲线。

如果市场走出一拨先下跌后回升的行情，就构成了我们所说的微笑曲线。中国股市从 2001 年以来，出现过 5 段“微笑曲线”（当前这段还没走完整），定投最适合这样波动成长的市场。只要你赶上，在任何

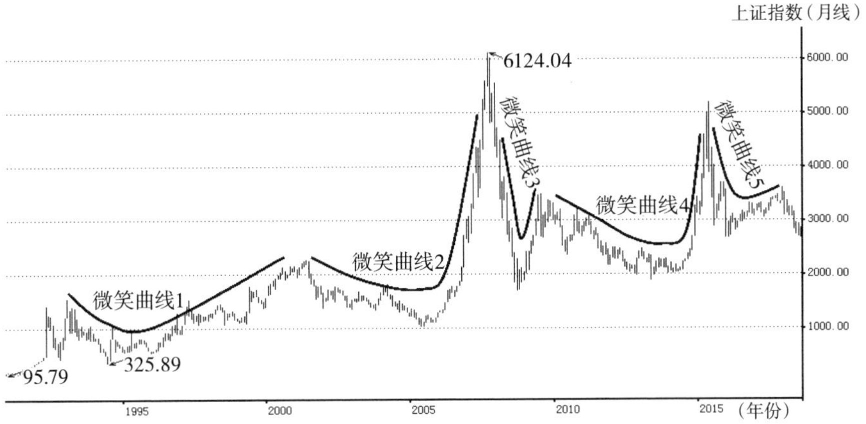

图3－1－1　A股市场的微笑曲线

一个开始时上车，都可以笑到最后。

第一个微笑曲线，发生在1993年7月至2001年6月，上证指数涨幅超过44%，同期定投收益率为92%。

第二个微笑曲线，发生在2001年6月至2007年11月，上证指数涨幅达到173%，同期定投收益率为268%。

第三个微笑曲线，发生在2007年11月至2009年7月，上证指数跌幅超过42%，同期定投收益率则达到23.84%。

第四个微笑曲线，发生在2009年8月至2015年5月，上证指数涨幅33%，同期定投收益率85%。

第五个微笑曲线，从2015年6月至2018年1月，股灾一年多后，市场开始慢慢恢复元气。截至2018年1月，上证指数总体是下跌的，但同期定投收益已经是正数，也就是赚钱的。

这5个曲线均属于典型的微笑曲线，都是刚开始定投，行情就开始出现持续下跌的情况。虽然进入起点不佳，但只要能坚持到最后，下跌线都会转化为微笑曲线。投资行为本身也是对自身心理承受力的一种考验：若刚开始定投，行情就开始上涨，那么投资心理压力就不大，因为在定投中，账户的收益是越来越多，所以更容易坚持下去；而最难熬的情形是，如果定投刚开始，行情就持续下跌，出现亏损，投资心理压力剧增。翁量在此处要特别提醒大家：想要清仓时，请谨记“微笑曲线”的存在，只要坚持定投一个周期或以上，“微笑”和收益一定会出现。

熊市中不可停止定投

在定投的过程中，可能会有一段时间因股市行情连续上涨而总投资为盈利，也可能会有一段时间因股市行情连续下跌，基金定投者不得不面对“资金每月投，亏损每日增”的尴尬境地。许多定投者承受不了这样的现实，就会在熊市中中断定投，甚至卖出所持有的基金。

其实，熊市中停止定投的做法是极其错误的。作为一名理性的定投者，面对熊市中定投资产缩水，唯一正确的做法就是：不去理会暂时的资产缩水（浮亏），持续定投，甚至加大定投金额。

基金定投需要的是规划和纪律，能否在弱市中坚持定投，从而累积相对低成本的基金份额，充分发挥其平均成本、分散风险的长处，是真正理性的长期投资者和有长期理财规划需求的人必须经受的投资考验。

因此，长期前景看好、短期处于空头行情的市场是最值得开始和持续定投的，通过纪律性的入市投资，可以达到“弱市中用定投抄底”的效果。

另外，定投风险的大小取决于定投的期限。定投时间足够长，就可以比较好地规避风险。若定投期限规划在一两年之内，可能会遇上市场振荡向下的行情，短期具有较大风险。所以建议投资者把定投当作长期投资，期限至少跨越一个牛熊市的周期（一般为 3 ~ 5 年），如此便能更好地控制风险、获得稳定的收益。

基金定投的优点

1. 手续简单

投资者可以去基金代销机构办理一次手续，此后每期的扣款申购均自动进行，一般以月为单位，也有以半月、周等其他时间期限作为定期单位的；投资者也可以在网上进行申购、赎回等所有交易，实现基金账户与银行资金账户的绑定，设置申购日、金额、期限、基金代码等，进行基金的定投。当然，投资者还可以进行手动申购、赎回，甚至可以通过股票账户手动买入或卖出指数基金。

2. 不用考虑时点

投资的要诀就是“低买高卖”，但很少有人在投资时掌握最佳的买卖点获利。为避免人为的主观判断失误，投资者可通过“定投计划”来投资，不必在乎进场时点，不必在意市场价格，无须为其短期波动而改变长期投资决策。

3. 平均投资

定投中，资金分期投入，投资的成本有高有低，长期平均下来，可以最大限度地分散投资风险。

4. 复利效果

“定投计划”收益为复利效应，本金所产生的收益加入本金继续产生收益，达到利滚利的效果。定投的复利效果需要较长时间才能充分展现，因此不宜因市场短线波动而随便终止。只要长线前景佳，市场短期下跌反而是累积更多便宜筹码的时机，一旦市场反弹，长期累积的筹码就可以一次获利。

综上所述，基金定投相对于一次性投入而言，不需要选择买入时机，降低了投资基金的难度，对普通的中小投资者有利。但在具体的操作过程中，还需要投资者对定投风险有充分的理解和把握，从而规避投资风险，以免造成不必要的损失。

3.1.2 为什么A股更适合做定投

相对于欧美国家股市的“牛长熊短”来说，A股属于“牛短熊长”：“牛短”即指上涨的时间短，而非上涨的空间小；“熊长”即指股市慢慢下跌的趋势或者熊市底部振荡时间长。

打开A股大盘的全景K线图（以下简称“K线”），可以更直观地看出“牛短熊长”的变化过程。

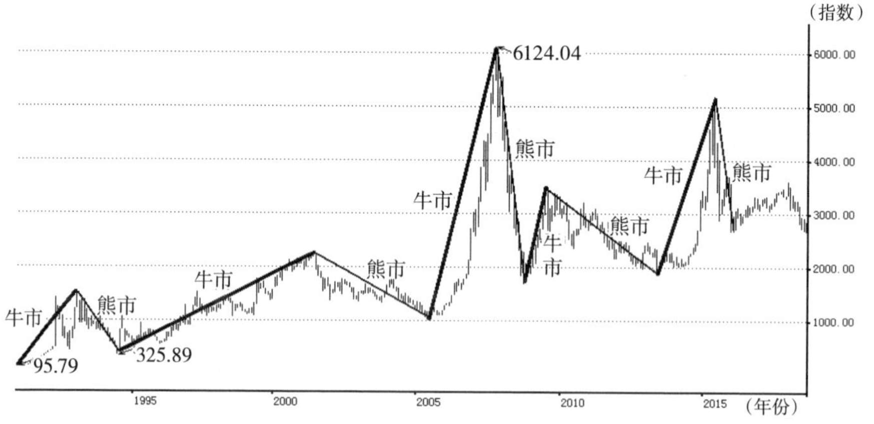

图3－1－2 1990—2018年上证指数走势（月线）

在大量的交易时间里，K线或持续下跌或低位振荡，而K线上涨仅保持短短的数月，总体规律呈现为K线上涨的时长远小于下跌和低位振荡的时长。具体看以下列举的两个具有代表性的时间段：

第一，2001—2005年A股持续下跌了4年，快速上涨也就是1年。

第二，2009—2014年A股持续下跌了近5年时间，2014年7月到

2015 年 6 月，A 股保持快速上涨，上涨时间不到 1 年。

A 股“牛短熊长”的特性并非我们所需关注重点，故这里暂不解释形成原因。我们关注的重点是：“牛短熊长”的 A 股为何更适合做基金定投。

从投入资金成本的层面来说：第一种情况，在购买基金成本一样的情况下，基金净值涨得越多，我们赚得越多；第二种情况，在基金净值涨幅不变的情况下，购买基金的成本越低，我们赚得越多。综上，我们可以发现，对 A 股投资者来说，基金定投的收益率主要取决于投资者基金定投的成本高低，而不是公开可见的市场指数走势。

我们来看图 3 -1 -3，其统计了上证指数从成立开始到 2017 年 6 月 30 日的收盘指数情况。表中横轴表示上证指数的点位区间，纵轴表示指数在对应区间的天数。表的左边 5 根柱子是表示点数处于较低位区间的天数，其余柱子表示点数处于较高位区间的天数。我们发现，指数位置越低，天数越多；指数位置越高，天数越少。

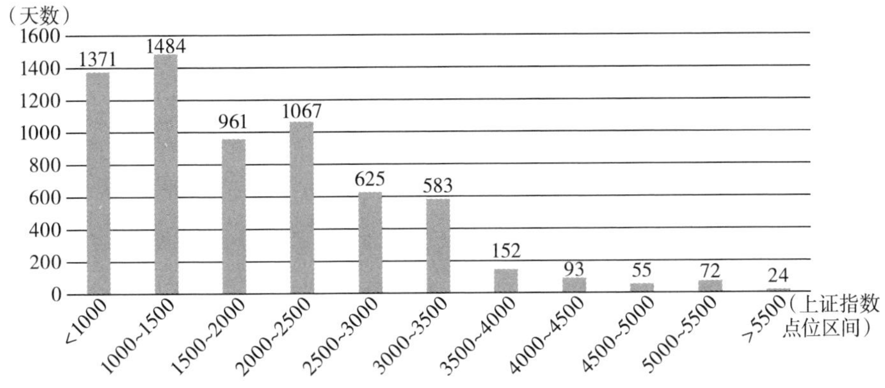

图 3 -1 -3　1990 年至 2017 年 6 月 30 日上证指数收盘价所处点位区间天数

上证指数每天收盘价低于 3000 点的天数具体如下：

低于 1000 点的天数总共有 1371 天；

位于 1000 ~1500 点有 1484 天；

位于1500～2000点有961天；

位于2000～2500点有1067天；

位于2500～3000点有625天。

由此可算出，上证指数收盘价低于3000点的天数共有5508天。

同上，上证指数每天收盘价高于3000点的天数具体如下：

位于3000～3500点有583天；

位于3500～4000点有152天；

位于4000～4500点有93天；

位于4500～5000点有55天；

位于5000～5500点有72天；

位于5500点上方就只有24天。

由此可算出，上证指数收盘价大于3000点的天数共有979天。

综上所述，上证指数收盘价低于3000点的天数是5508天，高于3000点的天数是979天，两者相差接近6倍，显示A股“熊市时间长，牛市时间短”的特征。若我们用定投的方式，大部分时间购买积累而成的大部分份额是在低位，即基金投资总成本保持在低位，等到指数上涨时，就能赚取更多的利润。

随着中国经济持续稳定增长，中国股市也将保持长期持续稳定增长，结合发达国家和中国股市过去的走势来看，会发现每次熊市的底部都在不断地抬高。中国股市总体上保持着“牛短熊长”的特性，进行基金定期定额投资，将会取得更稳定、更高的投资收益。

3.1.3 度本定投法的定投比例

A股牛短熊长的特征，更加适合通过定投来获取收益。那么，有没有获取超额收益的方案呢？有，那就是“定期不定额”，即以更多的资金在相对低位（尤其熊市底部阶段）买入更多的份额，而在相对高位（尤其是牛市中后期）用更少的资金买入更少的份额，从而总体上拉低平均持仓成本，等到价格回归平均值以上（甚至不需要到中高位附近）时，就会出现持仓正收益。

这种越高位买入资金量越少，越低位买入资金量越多，总体持仓成本不断降低的“定期不定额”的投资方式，让投资者有了获取数倍于平均收益的超额利润的可能性。

不标准的定期不定额

图 3－1－4　1990—2018 年上证指数走势（月线）

图 3－1－4 是我们之前分析过的上证指数 K 线图，其中 *B*、*E* 和 *G* 这三个位置的价格比较便宜，定投的资金量应大些，比如原来每月固定投资 2000 元，现在增加资金量到多少合适？你会选择将定投金额增加到 2500 元，还是增加到 4500 元？*C* 和 *H* 这两个位置的价格相对较贵，定投的资金量应少些；你会选择将定投金额减少到 1500 元，还是减少到 1000 元？

以上也是很多投资者的困惑，“熊市低位多买，牛市高位少买”的道理都明白，但因无法正确判断市场高低位，所以在执行“定期不定额”过程中出现偏差。由此可看出，“定期不定额”是一种需要专业技能做支撑的投资方式，其关键点是“不定额”的计算标准。

神奇的定投比例

每个投资者在刚开始投资的时候，手上可调用的资金量是不同的。个别“家里有矿”的投资者本金雄厚，无论股市怎么下跌，他都能够通过加大投入金额来拉低持仓成本；但大部分投资者，手上的资金量相对有限，尤其是以每月结余工资作为定投主要来源的投资者，手中可供支配的资金更加有限，更需要讲究合理利用现有资金和可预期的结余资金，通过提高资金的使用效率来增加投资收益。

很多投资者都会说，熊市低位多买，牛市高位少买，说起来容易，操作起来太难。比如实际执行过程中会碰到两个比较典型的问题：

第一，何处是高位和低位，怎么判断？

第二，低位多买多少，高位少买多少，这个“多少”怎么掌握？

结合这两个问题，翁量创建了一个用来计算不定额的标准化指标——“定投比例”，并把牛熊市的极端情况都考虑进去，先用“牛熊高度”给当下的市场做定位，用长周期判断短周期所在的位置，定位目前市场所处的牛熊位置，就像用城市地图定位你所在的方位，最后根据“牛熊高度”来计算“定投比例”。

使用翁量“定投比例”指标，可以把投资资金的平均成本控制在牛熊高度 33.33% 的位置，而定期定额投资的平均成本在牛熊高度 50.00% 的位置。当市场从 33.33% 的位置涨到 50.00% 的位置，普通人用定期定额的方式才刚保本，而我们已经获得了正收益，收益为

（50.00% －33.33%）÷33.33% ≈50%。

翁量定投比例适用于大部分投资者。举例来说，若定投金额设置为2000元/月的标准，根据翁量的方式：将牛熊高度33.33%的位置设为基础标准，定投资金2000元为基准值，当牛熊高度大于33.33%时定投资金少于2000元，牛熊高度小于33.33%时定投资金大于2000元，这样长期多年下来，资金投入的平均成本就保持在牛熊高度33.33%的位置，从而相对于市场投入资金的平均成本在牛熊高度50%的位置凸显了明显的优势。

总之，通过翁量定投比例的方式，定投成本能降低33%，收益率能提高50%，收益是“傻傻的”定期定额方法的1.5倍。我们定投的成本比市场平均收益水平低，风险也降低了，但收益反而提高了。

度本定投法

我们通过“牛熊高度”来控制定投的成本，翁量把这套方法称为“度本定投法”。定投比例是根据牛熊高度计算出来的，定投比例＝（1－牛熊高度）×1.5。假设定投资金是2000元/月，今天是定投日，计算的牛熊高度为58%，则定投比例＝（1－牛熊高度）×1.5＝（1－58%）×1.5＝63%。买进的资金为2000×63% ＝1260元。剩余的740元该如何安排？其实这省下的740元是备用金，作为牛熊高度低于33.33%的时候“定投不定额”的准备金。因为牛熊高度小于33.33%时，定投比例将超出2000元，需要增加资金投入，而牛熊高度高于33.33%时“定期不定额”所省的钱刚好补上。牛熊高度大于33.33%所省下的钱，也就是案例中省下的740元，我们可先购买货币基金等固定收益的理财产品。

下面是翁量在2018年下半年至2019年上半年的定投比例数据（取

每月18日，如遇周末，按就近日期）：

2018年7月18日，牛熊高度为18%，定投比例为123%；

2018年8月17日，牛熊高度为10%，定投比例为135%；

2018年9月18日，牛熊高度为10%，定投比例为135%；

2018年10月18日，牛熊高度为1%，定投比例为148%；

2018年11月19日，牛熊高度为11%，定投比例为133%；

2018年12月18日，牛熊高度为8%，定投比例为138%；

2019年1月18日，牛熊高度为10%，定投比例为135%；

2019年2月18日，牛熊高度为14%，定投比例为129%；

2019年3月18日，牛熊高度为34%，定投比例为99%；

2019年4月18日，牛熊高度为43%，定投比例为86%；

2019年5月17日，牛熊高度为32%，定投比例为102%；

2019年6月18日，牛熊高度为29%，定投比例为107%。

从如上数据看，随着2018年下半年熊市持续下跌，定投比例越来越大，其中牛熊高度最低的时候是2018年10月18日，牛熊高度为1%，定投比例为148%。之后股市见底回升，产生了较大的反弹，在反弹高度越来越高时，牛熊高度越来越大，定投比例也越来越小，其中牛熊高度最高的时候是2019年4月18日，定投比例为86%。

我们把牛熊高度33%的位置设为基础标准，当牛熊高度大于33%时，定投比例少于100%，当牛熊高度小于33%时，定投比例大于100%。这样长期下来，我们的平均成本就保持在牛熊高度33%的位置。总的来说，牛熊高度的数值大就少定投，牛熊高度的数值小就多定投；一手持有股票型基金，一手持有货币基金等固定收益理财产品，两手都可以赚利润。

采用上述定投比例，还需用巴菲特投资思想和选股标准来挑选跑赢市场的基金，只要挑选的基金能多跑赢市场33%，就能获得别人收益的2倍。相较于简单的定期定额投资指数基金，当指数基金能获得15%的收益时，我们能获得30%的收益。获得别人收益的2倍是如何计算出来的呢?

首先，根据牛熊高度和定投比例，我们的定投成本就能降低33%，收益率能提高50%，也就是市场收益的1.5倍。其次，由于选择的基金多跑赢市场33%，也就是市场收益的1.33倍。$1.5\times1.33\approx2$。

除了“定投比例”的投资方式，还有没有更优的投资方式呢?答案自然是有的。翁量称其为“定投攻略”。

①在波段高位减少投资次数，在波段低位增加投资次数的不定期方式；

②在波段高位再次缩小定投比例，在波段低位再次放大定投比例的灵活方式。

以上方式再配合牛熊高度理论，在熊市底部加仓，牛市顶部跑顶或者大幅减仓，不仅能防止坐牛市和熊市的“过山车”，还能获得“稳赚的”绝对收益率。

3.2

管理“老兵”用价值波段

3.2.1 用牛熊高度做价值波段

在投资流派上，主流的派别有价值派和技术派，价值派以基本面分析为主，技术派以图表分析为主。从股票市场诞生之日起，这两大门派就呈水火不容之势。其实这两种流派各有优劣，有着对方无法取代的优势，也都存在致命的缺陷。

价值投资和技术分析可以有效融合

有些价值投资者说技术分析是看后视镜开车。你在后视镜里看见一条泥路，你大概率就是在一条泥路上；如果你在后视镜里看见一条高速公路，你自然也大概率在高速公路上。当你没有前视能力的时候，后视镜也不能轻易放弃。

凡是存在的都必有其道理，否则不会存在。价值派和技术派一直存在也是合理的，其实它们可以融合在一起。

价值派追求“道”，技术派追求“术”，道和术可以结合在一起。价值投资是投资的基础，技术分析是锦上添花。在价值投资基础上辅以技术分析，只要使用得当，收益率会大幅提高。但是技术分析比较难学，普通投资者想要学好它，需要花一些时间。当一种方法你用得很熟练，风险就会低；反之使用不熟练，风险就会高。本章是写给熟悉技术的专业投资者，当然也适合有一定技术分析基础和愿意深入学习的普通投资者。

价值波段在关键位置的择时

孙子曰："凡战者，以正合，以奇胜。故善出奇者，无穷如天地，不竭如江海。""奇"指多出来的那部分，即预备队的意思。简要解释这句话就是：用兵作战，总是以正兵当敌，以奇兵取胜。所以，善于出奇制胜的人，其战术变化，就像天地万物那样无穷无尽，像江海之水那样涌流不竭。那么，正兵又是什么呢？曹操一句话就讲明白了，"先出合战为正，后出为奇"，所以这个"正"和"奇"就是一个先后的概念。

我们管理的仓位也分正兵和奇兵，正兵是价值投资所决定的仓位，奇兵是价值波段所决定的仓位。同样地，也是以价值投资的仓位管理为先，为基本原则，以价值波段的仓位管理为后，为锦上添花，增加收益率。但是这两种仓位如何配合管理呢？翁量举两个例子来说明价值波段减仓和加仓的规则：

①比如行情在牛熊高度 85% 的位置破位上涨趋势线或破位某关键均线，这时候我们可以减仓并保留 15% 的仓位。如果行情继续下跌，我们减仓就成功了，这种概率比较大。如果行情调整后又开始上涨，面对相对高的估值，我们减少仓位也是合理的。对于技术比较高的投资者，等行情回到趋势线或某重要均线上，还可以加仓回去。

②再比如行情跌到牛熊高度 35% 的位置获得某趋势线或某均线强烈的支撑，这时候我们可以加仓并保留 65% 的仓位。如果行情获得支

撑开始上涨，我们加仓就成功了，这种概率比较大。如果行情破位该趋势线或某重要均线又开始下跌，面对相对低的估值，我们增加仓位也是合理的。对于技术分析水平比较高的投资者，等行情破位趋势线或某重要均线，也同样可以减仓并保留之前的仓位，等待更低的位置再加仓。

总之，这种价值波段式调整，跟技术派所说的波段是不一样的。价值投资的波段操作，是根据行情在牛市和熊市之间的位置不同，进行减仓或者加仓的行为，其保留的仓位符合价值投资的理念。当我们有了牛熊高度指标后，再结合技术分析，就可以量化格雷厄姆所说的“根据市场情况的变化进行小幅的调整”。这里所说的“小幅”，并不一定代表幅度很小，也可能是幅度较大。比如行情从牛熊高度 40% 的位置已处于上升趋势中，之后行情持续上涨到牛熊高度 60% 的位置，还处于上升趋势中，那么我们在牛熊高度 50% 的位置就无须减仓，应持续持有不动。假设行情在牛熊高度 85% 的位置才破位上涨趋势或某重要位置，我们再减仓，这时的减仓离牛熊高度 40% 的位置，幅度是比较大的，如果太早减仓反而减少我们在上涨过程中的总收益。所以技术分析能够帮助我们找到格雷厄姆所说的“根据市场情况的变化”中所指的关键位置。

关键位置的“以小博大”效应

我们通过价值波段操作，还能发挥“以小博大”的效应。“以小博大”，指用小的成本通过冒险投机手段换取大的回报，这也是一种理性的投资方法。游戏规则是这样的：用越小的钱，越快的速度，却能获得越多的金钱，就越符合投机时的理性期望值。打个比方，你和朋友玩“石头剪刀布”，你赢了，他给你 100 元；你输了，你只要给他 10 元。这样的游戏你玩不玩？答案是肯定的。成功率按 50% 来计算，你赢一次输一次，最后你还赚了 90 元。秤砣虽小，却能四两拨千斤。这就是用最小的力量打败敌人的思维，如今这一思维方式也被人们用在了股市投资中，而且还开发出一种投资工具——期权。

从价值投资角度分析，在高位破位关键位置而减仓或者在低位关键位置获得支撑而加仓都是合理的，但从技术上看，存在一定的概率，那就是破位关键位置之后，进行调整后又继续站稳这个关键位置，或者在低位关键位置获得支撑之后，反弹后又继续破位这个关键位置。这时候我们的仓位要迅速恢复到原来的仓位比例。在这过程中技术失误会造成利润的减少，但如果成功则会多获得较大利润，并且在大局上保留住对应合理的仓位。因为在技术上犯错的结果在价值投资上是正确的，所以能及时修正这种技术上的错误，会给我们带来更大的投资收益。“以小博大”的思维除了在价值波段中能发挥重要作用，其更关键作用是在投资的漫漫长路上平衡你的心态，大大增加了长期投资的容错率和成功率。

3.2.2 价值波段的实战与案例

以价值投资为基础的价值波段操作，仓位控制的比例不仅要符合价值投资的要求，还要符合牛市和熊市所对应的位置。在有了牛熊高度指标之后，我们就可以量化管理自己的仓位，根据牛熊高度严格进行仓位管理。用技术分析来确定变化仓位的时间，比如把突破或者跌破某关键位置作为仓位调整的时间点。在 A 股熊长牛短的特征下，做好价值投资的基础上增加价值波段操作，能帮我们获得更丰厚的收益。

案例一：2019 年 4 月 8 日 A 股的一次减仓

现在翁量来举例说明价值波段的操作。2019 年4 月8 日，翁量通过微信公众号发布文章《大逆向，准备收割一茬利润》，其中重要内容如下：

我们再看外资，A股上午不断冲高，外资不断减仓，下午还砸盘，尾盘A股回升，但外资继续卖出，今天外资总卖38亿。……主动股票型基金，有17只净值超越5178点，8只创历史新高。这8只包括翁量公众号长期公开定投的场外基金易方达110011……

茅台大涨逾4%，站上900元关口，翁量今天场内消费基金159928上涨2.05%，继续获得丰厚的收益。159928也是净值超越5178点，创历史新高。投资唯有新高才有安全感，才能暴富！

4月9日翁量仓位攻略：今日（4月8日）牛熊高度为41%……由于上周行情的上涨，导致百万实盘的仓位上升……本来计划3350～3400点再减仓，减仓后保留70%仓位。现在看见“煤飞色舞”和大金融大涨，只能提早减仓。

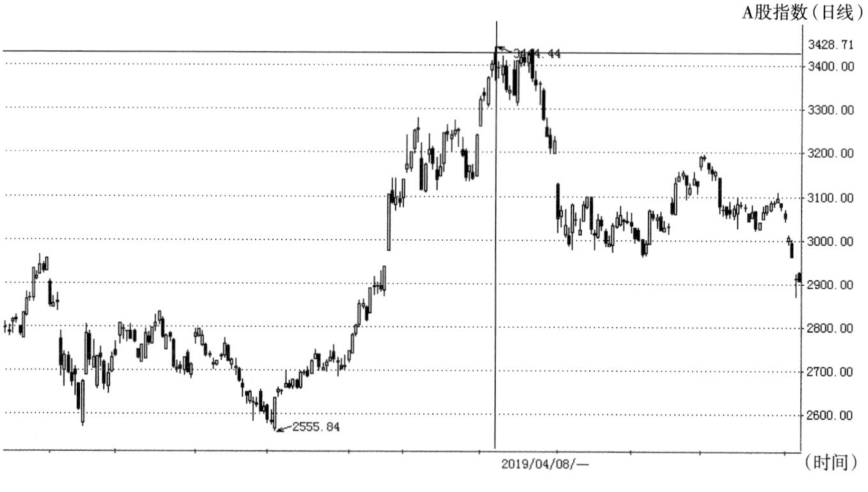

图3－2－1　2019年上半年上证指数走势

从图3－2－1上看，4月8日的3288点果然成为这拨春季行情的最高点，之后行情跌到2825点，下跌了463点，下跌幅度为14%。那么翁量是如何判断4月8日为阶段性高点呢?

首先，从波浪理论角度，行情已经走到了第5浪（如图3-2-2）。波浪理论认为：市场上涨走势不断重复一种模式，每一周期由5个上升浪和3个下跌浪组成。前五个波段中，第一、三、五，即奇数序次是推动上升的，第二、四，即偶数序次，属于调整下跌。

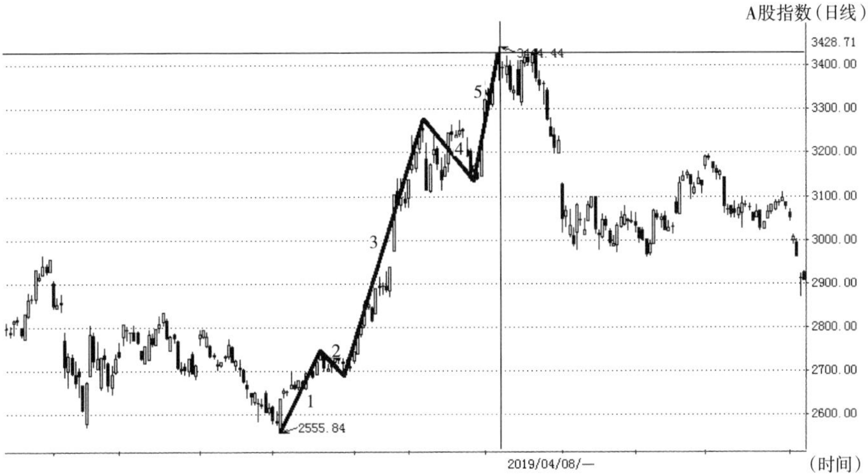

图3-2-2 2019年上半年上证指数波浪轨迹

波浪理论的核心其实是利用人们的“情绪波动”。第一浪散户认为是反弹，反弹应该减仓。第二浪散户认为果然是反弹，因为下跌已经开始，于是还有一部分散户继续“割肉”出局。第一浪和第二浪散户“割肉”出局，聪明的庄家开始进场。第三浪是主升浪，先知先觉的有经验的散户开始跟风入场，导致行情继续涨高。第三浪末尾稳健的投资者开始减仓一部分，导致第四浪回落。此时，跟风散户开始害怕，止盈止损出去。当第五浪继续冲高，已经卖出的散户开始后悔，于是激进跟进，场外观望的散户再也等不了，直接追高入场。此时，庄家开始抛出筹码给散户，但散户接盘后，没有后续资金入场，卖出的资金量大于买进的资金量，最后开始下跌。

虽然价值投资理论中也提到了市场情绪，但只强调了极度乐观和悲观，没有详细讨论情绪从开始到结束的过程。其实，波浪理论中上升行情中的第五浪就是市场极度乐观的表现，大多数投资者追高入场；波浪理论中下跌行情中的第五浪就是市场极度悲观的表现，大多数投资者“割肉”离场。

当然，单从波浪理论来判断行情已经达到高点还是不够的，因为每段行情的开始和结束都是由多个方面共振产生，另外一个能够影响市场情绪的就是趋势。趋势是指事物发展的动向，在金融交易市场表示股票、期货、外汇运动的方向。趋势理论认为一旦市场形成了下降（或上升）的趋势后，就将沿着下降（或上升）的方向运行。趋势线是技术分析家们用来绘制某一证券（股票）或商品期货过去价格走势的线。

根据趋势理论，如何判断 4 月 8 日已经达到阶段的高点呢？

图 3-2-3　2016—2019 年深证成指 K 线

图3－2－3是深证成指的K线，市场的规律有时候隐藏在上证指数中，有时候隐藏在深证指数和其他重要指数中。这次翁量从深证成指中找出规律。从2016年1月开始产生趋势，趋势点由1至5点五个点组成，这种趋势线非常有力量，所以当2019年4月8日的深证成指达到这条趋势线时，对行情产生压力作用。

再加上波浪理论和散户证券新开户数等多个因素产生的共振作用，所以翁量判断4月8日会是2019年春季行情的最高点，据此在4月8日的微信公众号文章中发出减仓的建议。实际上，当我们减仓之后，行情就开始下跌14%。也许你会问，如果行情没有下跌，而是继续上涨，我们应该怎么办？其实减仓错了也没有关系，当行情站上这条趋势线，这时候的趋势线对行情产生支撑的作用，此时我们再将减仓的筹码重新买回去，可能会少赚一点点利润，但是一旦减仓成功了，可以少亏14%。所以这样的减仓动作还是值得去操作。

既然我们要减仓，那么应该减多少仓位，保留多少仓位呢？根据牛熊高度理论，此时的牛熊高度为41%，我们保留的理论仓位应该是59%。但是行情已经从熊市低点摇摆到牛市高点，还没有越过估值中枢，离熊市低位还比较近，此时市场的运动方向大概率继续向上，但也不完全是这个方向，小概率存在掉头向下。所以从长线角度来看，未来可以走出慢牛的节奏，但从中线角度看，行情需要下跌一拨。此时最好的策略就是减仓，等行情下跌完成之后再杀个回马枪，重新从低位买回去，这样就可以赚一拨行情的差价。综合长线和中线的两个因素考虑，减仓后的仓位为70%，比理论仓位59%多留了11%的仓位。

案例二：卖出恒生ETF

A股减仓后的第二天4月9日，翁量在微信公众号上发表文章《卖出恒生 ETF［159920］，换更好的》，文中写道：卖出恒生 ETF，清仓出来的资金用来投资股指期货。

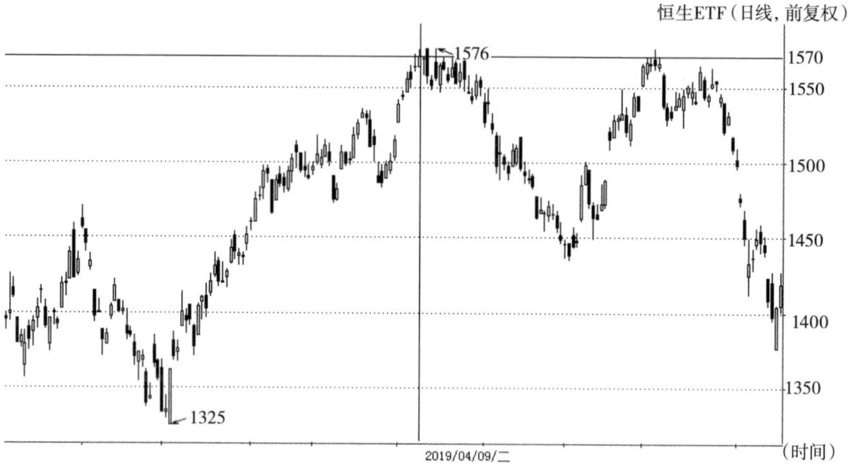

图 3－2－4　2019 年上半年恒生 ETF 走势

现在我们看恒生指数基金后面的走势，果然下跌一大拨。恒生指数的走势大概率上与 A 股一致，当 A 股见顶，恒生指数也会见顶；当 A 股见底，恒生指数也会见底。所以我们也是 2018 年 10 月 19 日抄底的恒生指数基金，当我们在 2019 年 4 月 9 日卖出恒生指数基金后，保全了全部利润，避免了一拨下跌。

通过技术手段，我们解决了市场情况何时变化，如何变化，及其变化到什么程度需要调整，以及小幅调整又是怎样的幅度等格雷厄姆没有给出详细解释的问题。

如果行情在牛熊高度 41% 的位置无法突破趋势线，这时候我们可以减仓并保留 59% 的仓位，根据当前离熊市低位还比较近，我们实际保留了 70% 的仓位。59% 的仓位为价值投资的正兵仓位，11% 为长线趋势的奇兵仓位。实际行情到达这里就开始下跌，我们减仓成功了，这种概率比较大。如果行情没有下跌一拨就又开始上涨，牛熊高度41%，接近中枢牛熊高度50%位置，我们减低仓位也是合理的，这种概率比较小。对于技术分析水平比较高的投资者，我们等行情站稳趋势线还可以加仓回去，只是少赚一点利润。

这种价值波段式调整，是根据行情在牛市和熊市之间的位置不同，所进行的减仓或者加仓行为。在牛熊高度的基础上，结合技术分析，我们就可以量化自己的仓位，从而达到格雷厄姆所说的“根据市场情况的变化进行小幅的调整”的效果。同时我们通过价值波段操作，还成功实现了“以小博大”，获取了优于一般价值投资的超额利润。

3.2.3 价值波段的趋势分析

在金融市场，趋势既是观察市场（股票、期货、外汇等）而得到的规律性结论，又是市场分析的主要工具——技术分析的基础。市场按趋势运行。一般认为，股价倾向于以趋势运动；一轮趋势一旦确立以后，就倾向于继续起作用。金融交易大师一般主张交易者追随趋势。更极致的亚当理论认为：市场有很高的概率，往某个特定方向移动一段时间。

趋势线

趋势理论认为一旦市场形成了下降（或上升）的趋势后，就将沿着下降（或上升）的方向运行。我们可以用投资者心理活动进行分析：在股价上升时，市场一片看好，大家都在等回落时买进，人们的心理价位逐步提高，在股价回落到前一低点之前，强烈的买方市场阻止了股价下跌而回升，使股价波动低点逐步提高，这种上涨的心理造成了上升趋势；当股价下跌时，人们情绪悲观，庞大的卖方市场均等待反弹时出货，人们的心理价位逐步下移，在股价回升到前高点之前，已经有大量筹码等待卖出，使股价逐步回落形成下降趋势。

趋势理论的基本内容包括：趋势的市场含义及类型、趋势线的定义及画法、抵抗线的类型、支撑位与阻力位的含义及类型，等等。趋势线是用画线的方法将低点或高点相连，利用已经发生的事例，推测后期市场大致走向的一种图形分析方法。我们发现在各种股价图形中，若处于上升趋势，股价波动必是向上发展，即使出现回落也不影响其总体的涨势，如果把上升趋势中间的回落低点用直线相连，这些低点大多在这根线上，我们把连接各波动低点的直线称为上升趋势线（见图 3－2－5）。

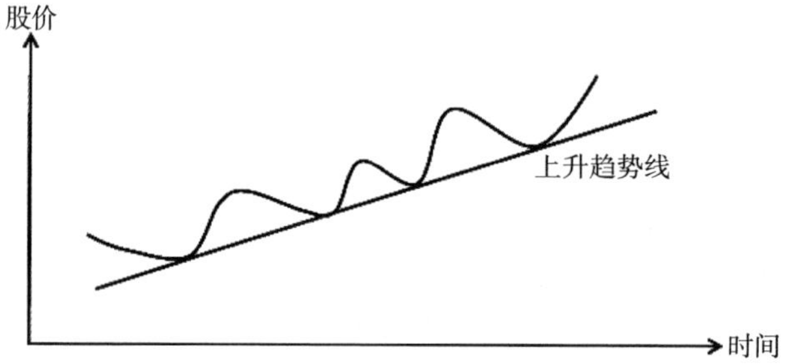

图 3－2－5　上升趋势线

相反，若处于下降趋势，股价波动必定向下发展，即使出现反弹也不影响其总体的跌势，把各个反弹的高点相连，我们会惊奇地发现它们大多也在一根直线上，我们把这根线称为下降趋势线（见图 3－2－6）。

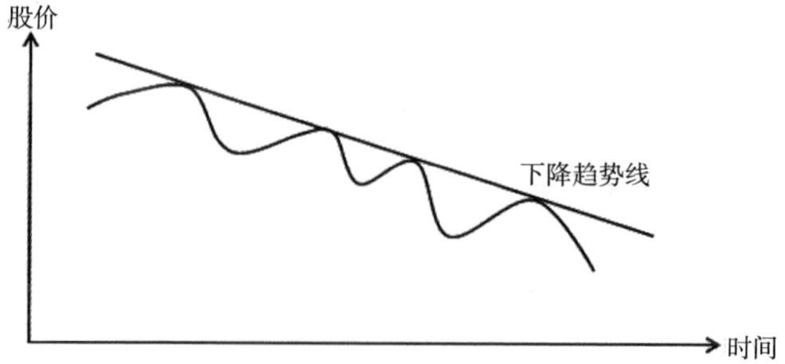

图 3－2－6　下降趋势线

正确地画出趋势线，人们就可以大致了解股价的未来发展方向。上升趋势线的功能在于能够显示股价上升的支撑位，一旦股价在波动过程中跌破此线，就意味着行情可能出现反转，由涨转跌；下降趋势线的功能在于能够显示股价下跌过程中回升的阻力，一旦股价在波动中向上突破此线，就意味着股价可能会止跌回涨。

趋势分析是一门社会应用心理学，其目标是辨认大部分交易者行为的趋势与变化，然后拟定自己明智的交易策略。

当趋势上升，多头觉得自己从市场先生手中得到奖励，上升趋势持续愈久，他们觉得愈自信，将会保持既有的行为。当多头继续时，他们将追加多头筹码，新的多头也纷纷进场，空头觉得自己因为放空而受到惩罚，于是开始回补，加入多头的阵营。多头愉快地买进，空头慌张地回补，于是价格愈攀愈高。唯有当足够数量的多头丧失追涨的热忱，涨势才会停顿。

此时，上升趋势受挫，多头觉得很委屈，但空头觉得备受鼓励。于是多头越来越少，空头越来越多，下跌趋势就形成了。空头得到奖励，他们愈来愈自信，追加做空筹码。价格持续下跌，新的空头纷纷进场，大部分人都赞美赢家。在下降趋势中，后面新进场的多头发生亏损，这使他们觉得受到惩罚，害怕行情会继续下跌，于是抛售筹码，大量的多头开始转向空头，导致价格进一步下跌，于是，更明显的下跌趋势就形成了。唯有当空头开始谨慎而不愿在低价卖出，跌势才会停顿。

对价值投资者来说，逻辑上应该在企业低估时买进股票，在估值恢复合理或高估时卖出。但是，股价疯狂的程度是无法判断的，有时候股价已经非常高估，当你卖出去后，发现股价又涨了一倍。在我们学会趋势分析后，如果股价在上涨趋势中，我们便可以继续持有，直到上涨趋势结束再卖出。同理，有时候你觉得股价已经非常低估，当你买进后，发现股价又跌了一半。我们应该根据趋势分析，在股价下跌趋势中，便可以继续等待，直到下跌趋势结束再买进。

支撑线和压力线

支撑线、压力线是股票技术分析中常用的参考指标。支撑线又称为抵抗线（见图3－2－7），当股价跌到某个价位附近时，股价停止下跌，甚至有可能还有回升。这个起着阻止股价继续下跌或暂时阻止股价继续下跌的价格就是支撑线所在的位置。压力线又称为阻力线，当股价上涨到某价位附近时，股价会停止上涨，甚至回落。这个起着阻止或暂时阻止股价继续上升的价位就是压力线所在的位置。支撑线和压力线的作用是阻止或暂时阻止股价向一个方向继续运动。同时，支撑线和压力线又有彻底阻止股价按原方向变动的可能。

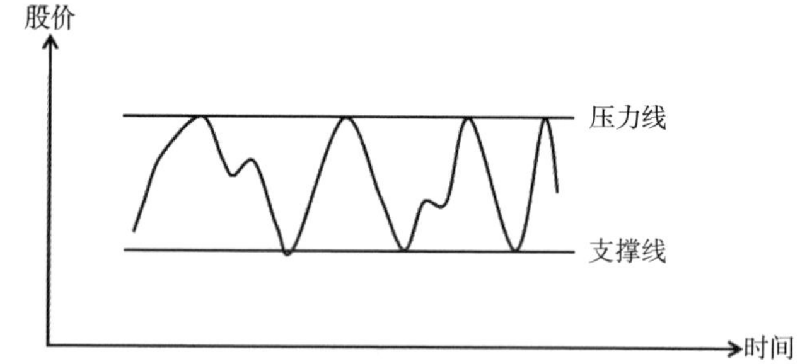

图3－2－7　压力线和支撑线

支撑线和压力线的作用机理，也可以从投资心理方面进行理解。假设股价从支撑线开始往上，这时多头a（在支撑线附近和之上买进的人）就会感到高兴，并后悔当时买得太少；空头b（在支撑线附近和之下卖出的人）就会后悔，股价越往上这种高兴和悔恨会越严重；而那些观望的人c（犹豫而未买入的人）看到股价攀升也想买入，股价越往上这种想买入的欲望就越强。随着股价的攀升，a会加仓，b和c会追高买入（从而构成 d），促使股价不断上涨。随着股价继续上升，历史上的套牢盘 e（这总是有的，特别是在历史密集成交区一带会更多——这就是股价一涨到历史密集成交区大多要展开调整的道理）开始减仓——因为被套太久，他们此时最大的愿望就是解套卖出，而一部分 a 和 d 特别是 a 会感到涨得太高选择卖出，一部分 b 和 c 因股价过高而不愿再买，因此，股价在此将略作停留或不作停留就会直接往下走。这一阶段仍有很多对行情看好者在奋不顾身地买入（f）。随着股价继续下跌，在阶段顶部追高买入的 f 和套在历史密集成交区未及时卖出的 e 都出现了亏损，他们会因此而后悔，于是一部分人止损卖出，一部分人（反应迟钝和中线看好者）继续持股，一部分前期在支撑线附近买入的 a 和在途中追买获利的 d 也会选择卖出，而想买入的观望者会因股价下跌而止步，决定等看清形势后作抉择。由此，导致股价进一步下跌。股价逼近支撑线，获利回吐者渐少，空头已无主动抛出的筹码，而被套者因为跌得太深停止卖出。这时供小于求，加上看多的持币者逢低吸纳，于是股价在此获得支撑。此外，由于股价以前曾在此触底回升（主要是已接近成本区域），也使投资者把这一区域看作支撑而不愿卖出，于是这一线就成了支撑区域。

头肩顶（底）

在对大盘或个股进行技术分析时，对走势做形态分析是十分重要的一项工作。一般而言，价格形态可以被简单划分为两大类型，即反转形态和持续形态。两种类型的形态有截然不同的技术含义，反转形态表明标的的市场趋势正在或即将发生重要的转折，在趋势上将发生方向性的变化；而持续形态则表明市场趋势不会发生变化，原来的趋势和方向仍将得以延续，目前可能只是一个暂时的休整过程，之前走势中的超买或者超卖现象通过整理形态得以适当修正。虽然两种形态的分析在操作中都有很强的实战价值，但投资者关注更多的还是反转形态。反转形态的种类较多，其中最典型的就是头肩顶（底）。

头肩顶形态是一个可靠的看空时机，一般是通过连续的三次起落构成该形态的三个部分，也就是要出现三个局部的高点（见图3－2－8）。中间的高点比另外两个都高，称为头；左右两个相对较低的高点称为肩，这就是头肩顶形态名称的由来。

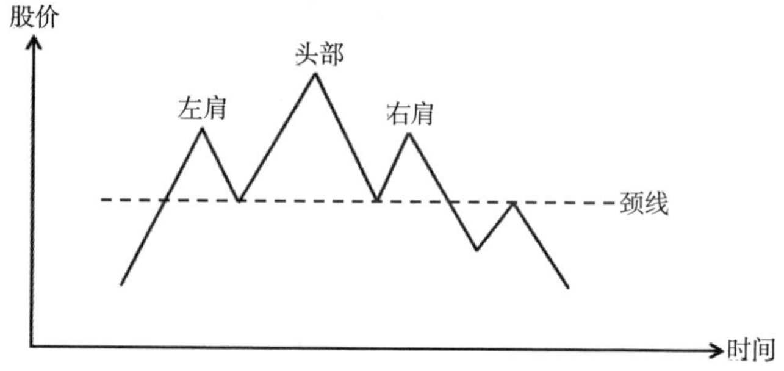

图3－2－8　头肩顶形态

头肩顶形态的形成过程大体如下：

①股价长期上升后，获利回吐压力亦增加，导致股价回落，左肩形成。

②股价回升，突破左肩之顶点，但价位过高使多头产生恐慌心理，竞相抛售，股价回跌到前一低点水准附近，头部完成。

③股价第三次上升，但多头更加恐慌，涨势亦不再凶猛，价位到达头部顶点之前即告回落，形成右肩。这一次下跌时，股价急速穿过颈线，再回升时，其价格也仅能达到颈线附近，然后成为下跌趋势，头肩顶形态宣告完成。

④第一次回落低点和第二次回落低点，用直线连起来就是一根阻碍股价下跌的颈线，但当第三次回落时会将这根颈线冲破，使股价在其下方。

头肩底是头肩顶的倒转形态，是一个可靠的看多时机（见图3－2－9）。这一形态的构成和分析方法，除了在成交量方面与头肩顶有所区别外，其余与头肩顶类同，只是方向正好相反。例如，上升改成下降，高点改成低点，支撑改成压力。

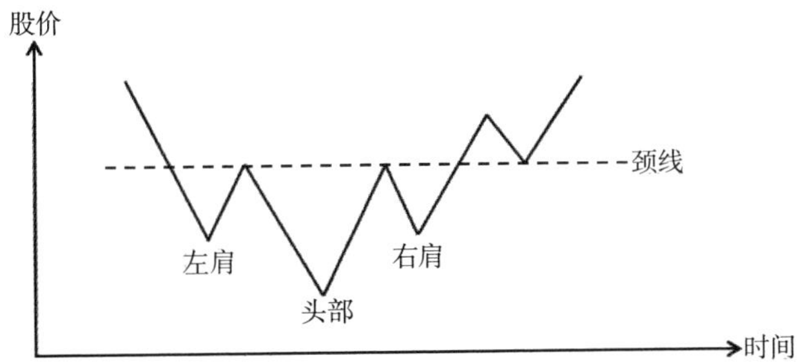

图3－2－9　头肩底形态

头肩底形态的形成过程大体如下：

①急速的下跌，随后止跌反弹，形成第一个波谷，这就是通常说的左肩。

②第一次反弹受阻，股价再次下跌，并跌破了前一低点，之后股价再次止跌反弹形成了第二个波谷，这就是通常说的头部。

③第三次反弹再次在第一次反弹高点处受阻，股价又开始第三次下跌，但股价到与第一个波谷相近的位置后就不下去了，此后股价再次反弹形成了第三个波谷，这就是通常说的右肩。

④第一次反弹高点和第二次反弹高点，用直线连起来就是一根阻碍股价上涨的颈线，但当第三次反弹时，会将这根颈线冲破，使股价在其上方。

把握股票走势最关键的是，判断股票价格是否处于正常的运动状态。正常的上升趋势，最高点和最低点在不断抬高。正常的下跌趋势，最高点和最低点在不断降低。向上突破压力线，股价应该是继续上升，向下跌破支撑线，股价应该是继续下跌。头肩顶（底）也是一样，突破颈线，就继续往突破的方向运行。

股市有时候就像羊群，单独股票就像羊群中的一只羊，当羊群朝着某个方向前进的时候，大多数的羊跟随着同一个方向。单只羊可能在羊群左边或者右边，前面或者后面，规律性不是那么明显，但整个羊群前进的方向更有明显的规律性。所以上面几种技术指标用来判断大势就更有参考性。

市场情绪是整体市场所有参与人士观点的综合展现。这种所有市场参与者共同表现的感觉，即我们所说的市场情绪。虽然价值投资理论中也提到了市场情绪（一般只强调极度乐观和悲观），但是没有这么详细地讨论情绪是如何开始和结束的。而我们通过重要的技术指标，可以观察到市场的主流情绪，可以利用这些市场情绪来增加收益。比如，当整体市场已经低估时，如果还在下跌趋势中，我们要等待下跌趋势结束时再开始买进。当整体市场已经高估时，如果还在上涨趋势中，我们等待上涨趋势结束时再开始卖出。这样可以避免价值投资者在市场低估买进后又继续大幅下跌，在市场高估卖出后又继续大幅上涨。

3.2.4 趋势分析的实战与案例

实战案例一

图 3－2－10 是 2016—2017 年翁量的实盘仓位变化，它是以趋势分析结合牛熊高度指标为指导思想，实践操作得出的结果。

图 3－2－10　2016—2017 年仓位轨迹图

这些仓位的数字是怎么来的呢？市场上大多数人分析整个市场行情一般是以上证指数为主要对象，其实规律有时候隐藏在上证指数中，有时候在其他指数上，比如沪深 300 指数、上证 50 指数和深证成指，等等。2016 年中，翁量就发现深证成指在趋势上非常有规律，这个规律一直延续到 2017 年底，甚至在 2019 年上半年还延续着这种规律（见图 3－2－11）。

图 3－2－11　2016—2018 年深证成指趋势图

图3-2-11中A、B点对应的牛熊高度为3%，所以理论上在A、B形成了W底，抄底的理论仓位为97%（实际操作用满仓）。之后行情快速反弹并且保持连续上涨，涨到由2个高点C点和D点（这两个高点用均线来判断）所连接趋势线对应的E点。所以翁量就判断这里有压力，下跌概率较大，此时可以减仓。减仓后保留多少仓位合适呢？E点的牛熊高度为35%，理论仓位应该为65%。之后行情果然掉头向下，我们顺利减仓在最高点。如果减仓后行情没有下跌而向上突破趋势线，我们在第一时间可以把所减仓的筹码给买回来。

当行情下跌到G点，从A点、B点和F点连线，G点位置附近有3个小点均在趋势线上获得支撑，这里上涨的概率较大，此时可以加仓。加仓后的总仓位应该是多少呢？G点的牛熊高度为15%，理论仓位应该为85%仓位。之后行情果然开始企稳上涨，顺利加仓在最低点。如果加仓后行情没有上涨而向下跌破趋势线，面对相对这么低的牛熊高度，我们增加仓位也是合理的。对于技术分析水平比较高的投资者，当行情破位趋势线，我们还可以减仓所加仓的仓位，并保留之前的仓位，等待更低的位置再加仓。

同理，当行情涨到由3个高点C点、D点和E点连接趋势线对应的H点和I点，翁量又开始减仓，牛熊高度为50%，减仓后仓位为50%。之后行情下跌，跌到J点加仓，牛熊高度为45%，又加仓到55%仓位，再之后行情破位该趋势线，又减仓所加仓的仓位，保留之前的50%仓位。这样高抛低吸不仅增加了收益，还大幅降低了成本。最后我们在2018年10月19日的2450点满仓抄底。

实战案例二

2018年的股市为熊市，同期上证指数下跌24.5%，深证成指下跌

34.4%，但是翁量根据“量攻略”进行投资管理，股票账户总体亏损只有5%。回撤这么低有两个因素：一个是持仓以消费股为主（2018年消费股下跌幅度小）；另一个是价值波段法产生的利润，具体操作路线如图3－2－12所示（也是很有规律的下跌通道）。

图3－2－12　2018年加减仓轨迹

2016—2017年为慢牛行情，最低点为2638点，之后涨到2018年1月3587点见顶。2018年为持续下跌的熊市行情，最低点为2440点。整整一个大的“过山车”行情。如果我们不在最高点3587点大幅减仓，所赚的利润就会大幅回吐。同样地，2016—2018年，无论是上涨趋势还是下跌趋势，过程中均是由波段行情组成的。我们通过价值波段操作，多赚了不少利润。总之，在A股熊长牛短的特征下，我们在做好价值投资的前提下增加价值波段操作，能帮我们获得更丰厚的收益。

实战案例三

趋势线的威力不仅在于中期，更在于长期。翁量举个超级长期的趋势线的案例。2018年10月中旬，在欧美国家股市暴跌下，A股十分恐慌，市场情绪极度低迷，很多人看空到2200点。但是翁量于10月15日通过微信公众号发表《用A股28年的趋势，来指导当下的操作》一文，提出满仓抄底的时刻即将到来。果然行情达到趋势线上，就开始反转，到目前为止，翁量重仓的消费基金涨幅接近100%。该文章节选如下：

财富的累积本身就是一个漫长而复杂的过程，也是每一个有产阶层成为富有阶层必须经历的过程。自1990年A股（市场）成立以来，已经28年了，这是中国资本市场最为涌动的28年，也是财富爆炸式增长的28年。

在这28年的A股走势中，逐渐形成了一个趋势。道氏理论认为，股票会随市场的趋势同向变化以反映市场趋势和状况。这一理论的创始者——查尔斯·道，声称其理论用于指导投资者，是一种反映市场总体趋势的晴雨表。现在来看看A股（上证指数）在这28年中形成的趋势，如图所示：

图3-2-13　A股诞生以来上证指数的趋势分析

图中翁量画出2条趋势线，将大部分的牛市的高点和熊市的低点分别连起来，这个斜率是经济增长所带来的，未来还会保持这样的斜率。从图3-2-13上看，98%以上的行情被包括在内，除了一些极端行情，比如2007年因“股权分置改革”的牛市顶部和2015年的“杠杆”牛市顶部。所以，A股未来走势至少95%以上的行情还会在这两根趋势线之间。

现在上证指数已经接近下面一根趋势线，现在趋势线所在点位大致2450点（随着时间的延长会慢慢上升），即使在极大利空（美股连续暴跌等）影响下，趋势线被短暂击破，行情短期内依然会回归到趋势线上方。

翁量在设计牛熊高度的时候，把这根趋势线的点位设计为牛熊高度等于0的位置，今天（10月15日）牛熊高度才4%，已经非常靠近这根趋势线。基金投资能够把握住大方向就成功了，至于最低点在哪里已经不重要，即使出现2400点或者2300点，我们能够确定的是现在2500点左右的位置在未来很难再出现。从大概率上看，一次熊市的最低点会比上一个熊市的最低点更高。

现在买进的筹码，短期内也许会亏，但这部分筹码在未来肯定能赚更多的利润。收益已明显大于风险，绩优股基金在下一个牛市中必创出2015年和2017年的新高……

总　结

翁量在市场极大利空和极度悲观之下，敢于在2450点下重仓，其中一个原因就是这条长周期的趋势线。虽然技术底不是唯一的决定性因素，但是依然会形成一定的影响力，在关键的时候能产生蝴蝶效应。回顾过去行情，2450点果然成为最低点，而且翁量重仓的消费基金也创出2015年和2017年的新高。

我们通过重要的技术指标，可以观察到市场的主流情绪，可以利用这些市场情绪来增加收益率。但是，值得注意的是，我们自己不要被市场情绪左右。不要因为上升趋势很明显才加仓，即使市场还存在继续上涨的可能；也不要因为下跌趋势很明显才减仓，即使市场还存在继续下跌的可能。总之我们要用逆向思维，根据牛熊高度的理论，涨到高位时减小仓位，跌到低位时加大仓位。

虽然本章讨论的是技术分析方法，但我们必须清楚它在投资过程中只能起到锦上添花的作用。

4

器：实用的基金投资工具

4.1

正确认识指数基金

4.1.1　巴菲特推荐的指数基金

你有没有注意到，本书并没有开宗明义地把指数基金放在最前面进行介绍，而是在第 4 章才开始介绍。前 3 章重点介绍了投资的“道”“法”“术”，即股市运行规律和内在逻辑。翁量认为，只有吃透整个股市的规律之后，才有可能真正做好指数基金的投资。

投资跟指挥作战一样，需要做事前准备工作。刘伯承元帅有句名言：“五行不定，输得干干净净!”这里的“五行”即任务、敌情、我情、地形、时间。这五个要素既是下决心开战的基础，也是取胜的关键和法宝。作为投资者，投资的唯一目标就是获得财富增长、实现财务自由。指数基金只是我们实现投资目标的一种重要工具，有效、重要的投资工具还包括本章介绍的“债券基金”“货币基金”和“可转债基金”。

在投资指数基金之前，我们也要做到投资上的“五行”：①任务——预先设定好长期投资收益率的任务；②敌情——了解在股市中可能会遇到哪些重要的问题和解决方案；③我情——清楚自己的风险承受能力和资金使用安排；④地形——把握行情所处牛市和熊市的具体位置；⑤时间——用技术手段进行择时。

“十年赌约”巴菲特大获全胜

2007年12月19日，巴菲特在Long Bets网站上发布“十年赌约”，以百万美元为赌注，指定Girls Inc. of Omaha这个慈善组织为受益人，若巴菲特赌赢，该组织可获得其赢得的全部赌金。他主张，在2008年1月1日至2017年12月31日的十年间，如果对业绩的衡量不包含手续费、成本和费用，则标准普尔500指数的表现将超过对冲基金的基金组合表现。在巴菲特提出赌约之后，数千名职业投资经理人中，只有门徒资本（Protégé Partners）的联合经理人泰德·西德斯（Ted Seides）站出来回应挑战。他选择了5只“基金中的基金”，期望能超过标准普尔500指数的业绩。这5只基金拥有超过200只对冲基金的权益。

2017年，巴菲特选择的领航标普500指数基金大涨21.8%，而对冲基金组合中，表现最好的为涨幅18%，D基金在2017年被清算。而这十年间，标普500指数基金产生了高达125.8%的收益，表现最好的对冲基金组合累计收益则为87.7%。毫无悬念，巴菲特在这场“十年赌约”中大获全胜。

巴菲特推荐指数基金的逻辑是来自美国股市长期历史经验：

①美国股市历史表明，长期投资指数基金肯定能赚钱。20世纪美国经济持续增长128倍；道琼斯工业指数从66点上升到11497点，上涨173倍。

②美国股市历史表明，指数基金的长期投资收益率胜过绝大多数主动型基金，这是在美国股市退市机制比较完善的情况下，对“垃圾股”及时清退的结果，同时美国股市大部分时间处于牛市。

A 股的指数基金

A 股作为新兴市场，历史较短、波动较大，成熟市场的指数回报效应难以体现。A 股的历史数据表明：牛市行情中指数基金的长期投资收益率胜过绝大多数主动型基金，而在熊市和振荡行情中主动型基金大幅跑赢指数基金。随着中国金融投资环境的不断成熟，A 股正在逐渐发展成为一个成熟市场，那么，低成本、去掉人工干扰因素、不以明星基金经理为导向的指数型基金，也能成为我们投资的首选。

中国企业近 27 年来创造了非常优异的业绩。GDP 从 1990 年的 1.7 万亿元增长到 2017 年的 70 多万亿元，27 年增长了 40 多倍，推动上证指数 27 年大涨 35 倍。什么是上证指数？上证指数全称“上海证券交易所综合股价指数”，是反映上海股市总体走势的统计指标。按理说，上证指数 27 年大涨 35 倍，股票投资者想赔钱都难。只要大家以分散且低成本的方式投资所有上市公司，至少可以取得 27 年 35 倍的平均业绩。可见，通过长期投资指数基金就可以轻松分享上市公司创造的优异业绩。

指数基金如何运行

为了更深入了解指数基金，以及如何选择指数基金，我们需要知道指数基金的投资运作方式。指数基金的运作方式是通过购买指数的成分股来跟踪指数的一个过程，主要包括建仓、再投资和跟踪调整等。具体的运作过程可以归纳为以下几个方面：

第一，所跟踪标的指数的选择。

不同的指数基金具有不同的收益率与风险预期，因此要选择不同的标的指数来满足基金投资的需求。投资者在选择指数基金的时候，既可以选择对标全市场指数（如沪深300指数、标普500指数和纳斯达克100指数等）的指数基金作为跟踪目标，以获取市场的平均收益率；也可以选择对标某一特定类型指数的指数基金（如大盘股指数、成长型指数等），在承担相应风险的前提下获取相应的投资回报。

第二，组合权重的调整。

通常情况下，标的指数的成分股会进行定期和不定期的调整，而新股的加入和原有股票的增发、配股等因素都会引起标的指数中的各成分股的权重发生改变，因此指数基金也必须及时做出相应的调整，以保证基金组合与指数的一致性。

第三，跟踪误差的监控和调整。

跟踪误差是指数基金的收益率与对应标的指数收益率之间的差异。由于交易成本和交易制度的限制，任何一个指数基金的收益率都不可能与标的指数的收益率保持完全一致。因此，基金管理人需要及时度量、监测这种差异，确保这种差异稳定地保持在一定的范围。如果出现不正常的偏差，基金管理人应在充分分析原因的前提下，及时调整指数基金的投资组合方案。

4.1.2 指数基金的分类和特点

指数基金采用被动式投资，选取某个指数作为模仿对象，按照该指数构成的标准，购买该指数包含的证券市场中全部或部分的证券，目的在于获得与该指数相同的收益水平。对许多投资者而言，指数型基金提供的投资方式最为方便简单。

股债配置策略指数基金的出现，只是国内指数型基金多元化的一个缩影。目前，国内指数型基金已经从单一跟踪主流规模指数，发展至跟踪各类风格指数、行业指数、主题指数等，指数基金的多元性日益强化。

规模指数型基金分类

规模指数，是以市值大小为确定标的成分的主要依据，并按市值加权构建的指数。以规模指数为跟踪标的的指数基金，即是规模指数型基金。规模指数基金是国内早期指数基金的主要类型，现有规模指数基金以跟踪沪深 300 指数、深证 100 指数、中证 500 指数、上证 50 指数、中小板指数、创业板指数等几只主流规模指数为主。

①沪深 300 指数：是由上海和深圳证券市场中规模大、流动性好、最具代表性的 300 只股票组成，以综合反映沪深 A 股市场整体表现。它被多家机构开发为指数基金和 ETF 产品。最常见的沪深 300 指数基金的场内代码是 510300，场外代码是 160706。

人们平常所说的“场内场外”是相对沪深交易所而言，这个“场”指的就是沪深交易所。场内基金，是在交易所挂牌上市的基金，和股票一样，可以用股票账户交易。比如 ETF 和 LOF 就是最常见的场内基金。场外基金，顾名思义，就是不能在交易所交易的基金，通过基金公司、第三方网站或者证券公司，用基金账户可以买到。场内交易相比场外交易，交易费率更低，流动性与股票类似，到账快，资金使用效率相对较高。

②深证 100 指数：包含了深圳市场 A 股流通市值最大、成交最活跃的 100 只成分股。深证 100 指数的成分股代表了深圳 A 股市场的核心优质资产，成长性强，具有很高的投资价值。深证 100 指数基金的场内代码是 159901，场外代码是 110019。

③中证 500 指数：其样本空间内股票是扣除沪深 300 指数样本股及最近一年日均总市值排名前 300 名的股票，按照日均总市值由高到低进行排名，选取排名在前 500 名的股票作为中证 500 指数样本股。中证

500 指数综合反映沪深证券市场内小市值公司的整体状况。最常见的中证 500 指数基金的场内代码是 510500，场外代码是 160119。

④上证 50 指数：挑选上海证券市场规模大、流动性好的最具代表性的 50 只股票组成样本股，以综合反映上海证券市场最具市场影响力的一批优质大盘企业的整体状况。最常见的上证 50 指数基金的场内代码是 510050，场外代码是 110003。

⑤50AH 优选：A 是表示 A 股上市，H 表示在香港上市，50AH 优选是同时在上海证券市场和香港证券市场上市的规模大、流动性好的最具代表性的 50 只股票组成样本股。不过这 50 家公司中，如果在香港证券交易所中更便宜的话，会选香港证券交易所中的该股，如果在上海证券交易所中更便宜的话，会选上海证券交易所中的该股。总之，在两个市场中，该上市公司在哪个市场中更便宜就选该市场中的股票。最常见的 50AH 优选基金的场内和场外的代码都一样，为 501050。

⑥基本面 50 指数：这是一种创新型的指数，它从上海和深圳证券市场中再根据公司的销售额、现金流、净资产和分红四个基本面指标来选择 50 只大市值股票并为成分股分配权重，具有价值投资的特点。最常见的基本面 50 指数基金的场内代码是 160716，场外代码也是 160716。

⑦红利指数：红利指的是股息率，股息率就是上市公司的现金分红除以股票的股价得到的比值，很多上市公司每年都会派发红利，那么红利指数基金也会把上市公司的分红相应分配到基金份额上。2018—2019 年，股息率较高的红利指数为上证红利指数。上证红利指数的成分股由股息率最高、现金分红最多的 50 只股票组成，是上证 A 股市场真正的核心优质资产，并每年根据最新排名优胜劣汰，具有极高的投资价值。上证红利指数基金的场内代码是 510880，暂无场外代码。

⑧中小板指数：中小板指数即中小企业板指数，指从深交所中小企业板上市交易的 A 股中选取的具有代表性的股票。选股参考公司治理结构、经营状况、发展潜力、行业代表性等因素后，按照缓冲区技术选取中小板 100 指数成分股。最常见的中小板指数基金的场内代码是 159902，场外代码是 161118。

⑨创业板指数：从创业板股票中选取 100 只组成样本股，以反映创业板市场的运行情况。最常见的创业板指数基金的场内代码是 159915，场外代码是 161022。

其他分类的指数基金

①风格指数型基金：风格指数，是通过分析成长因子、价值因子的方法确定成分标的而构建的指数。跟踪风格指数的指数基金，即是风格指数型基金，常见的像沪深 300 价值、沪深 300 成长指数基金等。

②行业指数型基金：行业指数，是将单一或少量几个行业中的标的设定为成分标的而构建的指数。跟踪行业指数的指数基金，即是行业指数型基金。现存的行业指数基金包括跟踪沪深 300 金融地产指数、上证金融股指数、上证金融地产行业指数、上证能源行业指数、上证医药卫生行业指数、上证原材料行业指数、上证主要消费行业指数等的指数基金。

③主题指数型基金：主题基金，是从特定主题的角度出发确定成分标的而构建的指数。相比行业指数型基金，不少主题指数型基金的行业分布更宽泛。跟踪主题指数的指数基金，即是主题指数型基金。现存的主题指数基金包括跟踪上证新兴产业指数、深证红利价格指数、中证消费服务领先指数等的指数基金。主题指数基金的多元性较强，因此投资者在选择这类基金时需要对其配置方向、成分标的特征有所了解。

④策略型指数基金：策略指数通常是以普通规模指数为基础池，根据某种选股策略从基础池中优选成分股构成新的指数，期望能获取超越基准规模指数的收益或能够达到某种特殊的投资目的。

A 股之外的知名指数基金

①道琼斯指数是 1884 年由美国道琼斯公司开始编制的，是世界上历史最为悠久、影响最大、最有权威性的一种股票价格指数。其成分股均为大型蓝筹股，是目前代表美国股市整体表现最重要的指数，在 A 股市场上相当于沪深 300 指数。

②标准普尔 500 指数英文简写为 S&P 500 Index，是记录美国 500 家上市公司的一个股票指数。这个股票指数由标准普尔公司创建并维护。标准普尔 500 指数覆盖的所有公司，都是在美国主要交易所，如纽约证券交易所、纳斯达克交易所的公司。与道琼斯指数相比，标准普尔 500 指数包含的公司更多，因此风险更为分散，能够反映更广泛的市场变化。国内最常见的标准普尔 500 指数基金的代码是 513500。

③纳斯达克综合指数是反映纳斯达克证券市场行情变化的股票价格平均指数。纳斯达克的上市公司涵盖所有新技术行业，包括软件和计算机、电信、生物技术、零售和批发贸易等，主要由美国的数百家发展最快的先进技术、电信和生物公司组成，在 A 股市场上相当于创业板指数。国内最常见的纳斯达克综合指数基金的代码是 513100。

④恒生指数是以香港股票市场中的 50 家上市股票为成分股样本，是反映香港股市价格趋势最有影响的一种股价指数。现在投资恒生指数的人也越来越多。恒生指数诞生于 1964 年，最初的点位是 100 点，是由最初的 50 家上市股票通过一定的规则计算出来，截至 2019 年，已经有 55 年时间了，目前恒生指数点位为 28000 点左右，55 年时间上涨了

270 多倍。如果把恒生指数的成分股的分红也计算进去的话，点位是 4 万多点。那就是说，在 55 年时间里上涨了 300 多倍。恒生指数基金的场内代码为 159920。

⑤H 股指数是香港市场的中国企业指数和国企指数，其成分股是在中国内地注册，在香港上市的大型国有企业。所以 H 股指数是要为投资者提供一个反映在香港上市的中国内地企业的股价表现的指标。H 股指数基金的场内代码是 510900。

4.1.3　指数基金的两大优势

尺有所短，寸有所长，事物都有一体两面性，指数基金同样如此，既有优势也有劣势。我们先简单了解指数基金的劣势：当整体股市处于下跌或者振荡状态时，从平均收益看，指数基金跑输大部分主动型基金，主动型基金经理通过择时和选股实现跑赢市场的目标。但在牛市中大部分指数基金跑赢主动型基金，在牛市中业绩好的和业绩差的股票均获得大涨，而且指数基金相当于满仓股票的基金。

优势一：指数基金交易成本比较低

指数基金的第一个优势，就是交易成本比较低，特别是 ETF。普通指数基金是最传统的，也是最早的指数基金，在场外一级市场申购赎回，有一定的申赎费用和管理费用。而交易型开放式指数基金即 ETF，是跟踪最精准、更纯粹的指数基金，可以通过场内交易。

ETF 的交易成本在所有类型的股票基金和指数基金中是最低的。ETF 只收佣金，在 2018 年，大部分 ETF 的交易成本是万分之二，无印花税及其他费用，也就是交易 1 万元，交易成本才 2 元，交易成本比股票交易成本还要低。ETF 如此之低的交易成本，与其他场外基金对比，有着巨大的优势，即使频繁交易，交易成本也不是太高。我们可以利用这一优势，做 ETF 的波段高抛低吸或者日内 T+0 交易。

什么是 ETF 日内 T+0 交易？ETF 的交易方式与股票一样，交易日内的价格是波动的，不同的时间买卖 ETF，成交价格是不一样的。日内交易也就是“T+0”，即当天买进并且当天卖出，现行 A 股实行 T+1 交易制度，因此才得以有日内交易策略。假设你账户上个交易日收盘后有沪深 300 指数基金 1 万份，那么在今天开盘时间内，你可以先低价买进 2000 份，涨起来后再卖出 2000 份。注意，这里卖出的其实就是上个交易日里持有的 2000 份，不是今天买的那个 2000 份，所以上个交易日收盘后的存量必须大于 2000 份。结果是低价买了 2000 份，高价卖了 2000 份，当天差价利润就出来了，这个叫作“顺向 T+0”。还有一种是“逆向 T+0”，比如今天看跌行情，先卖出 2000 份，当然还是上个交易日的存量里的份额，行情下跌后再买回 2000 份，这样也实现了高抛低吸。

学习这种盘中精准买卖的技能有难度，但我们要知道，有这么一种 ETF 日内 T+0 的存在，而且不少专业机构都在做。散户如果没有足够的资金量、足够的时间和成熟的技术，一般情况下做不好日内 T+0。翁量建议年轻人还是以事业为主，白天做事业，晚上学投资，事业和投资两不耽误。只有时间充裕的投资者才能考虑学习日内 T+0，以降低投资成本，提高投资收益率。

优势二：指数基金能获得市场平均收益率

也许你会问，平均收益率很普通，这也算优势吗？对的，优势是相对而言，平均数是对弱者有优势。打个比方，一个普通成绩的学生，刚换到当地最好的学校，成绩排名班上倒数，那么这个学生的第一目标就是成绩能考到班级平均分。平均分对这个学生就是优势。

同理，刚进股市的“小白”，各方面的投资经验和技能还没有学会，往往成为“韭菜”，相比之下，投资能获得整个股市的平均收益就具有优势。我们知道中国股市的散户是7亏2平1赚，亏钱和保本的人数总和是赚钱人数的9倍。而我国A股27年来平均每年涨幅是14%左右，长期持有代表中国股市的指数基金就可以赚钱。这里说的长期要足够长，至少要10年，跨越多个牛熊市，时间越长越有效，指数基金平均收益的优势就越明显。

总之，对新手来说，比较适合投资指数基金，即使只获得平均收益，也胜过大部分投资者。

投资案例

2017年9月，翁量根据牛熊高度减仓了A股仓位，导致现金比例相对较高。这时，翁量计划配置些海外资产。因为美国当时失业率不断下降，经济继续走强，翁量虽然看好美国股市，但对投资美国股市不专业。美国股市的机构投资者比散户还要多，翁量明显没有优势，而且计划投资在美国的资金比例较小，没有必要花很多精力去学习和研究，所以就追求平均收益，买了纳斯达克100ETF（513100）。

截至2019年12月31日，这段时间纳斯达克100ETF（513100）上涨了56%，与同期A股总体还是下跌的情况比较，已经相当不错了。翁量使用美国股市的“牛熊高度”指标，于2018年12月底大幅加仓了纳斯达克100ETF（513100），并且在2020年1月做了减仓，目前收益比较满意。

4.2
低估类指数基金

4.2.1 指数基金之股息率法

截至 2019 年 12 月，国内股票指数基金共计 996 只。面对这么多的指数基金，我们该如何挑选呢？其实作为一名聪明的投资者，第一步不是选择基金，而是认清行情和认清自己。

在牛市和熊市的不同阶段应该选择不同的指数基金。比如在中长期以振荡为主的行情中，应该多配置绩优股基金；在中长期以上涨为主的行情中，应该多配置证券行业指数基金。

不同风险偏好和风险承受能力的投资者，也应该选择不同的指数基金。如果你的风险偏好比较低，不能容忍投资有巨大浮亏，那么你应该多选择保底型基金（比如股息率高的红利指数基金）；如果你的风险偏好适中，可以容忍一定的浮亏，同样希望能获得较高的收益，那么你应该多选择低估类指数基金（成分股业绩不能太差）；如果你的风险偏好比较高，希望能获得很高的收益，那么你可以选择进攻型基金（成分股业绩比较好）。

当红利指数基金在熊市低位时，对投资者来说，此时它的股息率才会有较大吸引力。这就像其他指数基金在熊市低位出现低估一样，所以翁量把红利指数基金和低估指数基金归成一类。

狗股理论

红利指数基金的股息率投资法更适合保守型和稳健型投资者，为了能更完整地阐述股息率，我们要从“狗股理论”说起。

初看“狗股理论”4 个字是不是觉得很好笑？“狗股理论”可以简单理解为：对付一只狗，需要的只是一根打狗棒。在熊市中它可以当货币基金，在牛市中可以当股票，退可守，进可攻。

我们经常会被各种复杂花哨的理论、神奇的技术、盈利模型、专家言论吸引，虽不断地学习研究，最后还是亏损。但是对付一只狗，再多的书本和理论，都不如一根绳索，或者一根打狗棒。股市中，“狗股理论”正是那根外表粗鄙，却极其有效的打狗棒。

“狗股理论”是美国基金经理迈克尔·奥希金斯于 1991 年提出的一种投资策略。“狗股理论”在美国拥有超过半世纪跑赢道指的回测记录，被誉为美国历史上最简单，也最实用的投资策略之一。

狗股理论就是投资者每年年底从道琼斯工业平均指数成分股中找出 10 只股息率最高的股票，年初买入，年底再换 10 只，每年都重复这一投资动作，便可获取超过大盘的回报。我们把“狗股理论”的策略简称为“狗股策略”。归根到底，“狗股策略”就是指数成分股的高息率策略。

何为股息率？股息率 = 股息 ÷ 股价 × 100%。如果是股息派发金额较高，只要不是变卖资产来派息的，一定程度上证明了公司拥有较为健康的现金流，并且公司老板愿意和股东分享盈利；又或者管理层看好公司前景，并认为未来几年发展不需要动用太多资金，愿意把原本储备应对不时之需的现金派发给投资者。

“狗股策略”能够应对市场的牛熊。市场对此已经有非常多的解释：当熊市出现时，只要获得高于无风险利率如银行存款的利息时，就相当于为资金构建了一个“熊市保护伞”，此为“守”；而当牛市开始时，“狗股”不但能继续享受股息收入，还能赚取股价上涨带来的价差，此为“攻”。

如果把股息率的高低作为投资的重要参考，那么完全可以不被市场价格波动左右，只要股息率达到自己的心理水平，便“咬定青山不放松”，通过复利赚取更多回报。格雷厄姆与多德在 1940 年这样写道：“经验将进一步确认证券市场的既有判断，将 1 美元的盈利作为股息分配给股东所带来的价值要高于将其计入资本盈余账户中所带来的价值。普通股东一般既要求公司有足够的盈利能力，又要求公司进行适度的分红。”

投资者运用“狗股策略”能赚多少钱？“狗股策略”在其理论发源地美国已经有超过半个多世纪跑赢道指的记录。该策略年化回报率达到 12.63%，远高于道琼斯指数 3% 的水平。它仅有两次表现逊于市场，第一次为 1999 年，当时资本额巨大的科技股泡沫达到最高点，“狗股策略”跑输道指 16%；第二次为 2008 年百年一遇的金融危机中，“狗股策略”平均跌幅超过 41%，跑输道指 34%。如果只看近 10 年，“狗股策略”表现只有 6 年能跑赢道指，但累计回报（连同股息）仍然高出道指 10%。

A 股中的红利策略

“狗股策略”是在指数成分股中找出 10 只股息率最高的股票，红利指数基金的“红利策略”与“狗股理论”选股思路非常类似。在国内市场，基于数据分析验证可以发现，红利因子同样具备较强的有效性。

关于“红利策略”，巴菲特是怎么看的？巴菲特最大的创意，就是把股票看成债券，把每股收益类比为债券支付的利息，每股收益除以股票价格就是投资回报率。

债券有持续稳定的利息收益，因此可以清晰地进行估值。什么样的股票也具有持续稳定的收益？巴菲特认为，如果一家公司有持续稳定的盈利能力，那么它的股票就具备了债券的属性。

巴菲特把股票看成一张没有期限的债券，每个公司的股息率就是债券的票息率，股价就是债券的价格。而在债券市场中，当一种债券的价格持续下跌的时候，它的票息率就会越来越高，吸引投资者买入，抬高其价格而导致其票息率降低。

而此思路如果迁移到股票上也是一样的：公司的分红一定，价格越低，股息率越高。比如有一只股票，每股给股息0.2元，当前股价是10元每股，不考虑税的话，股息率就是$0.2 \div 10 \times 100\% = 2\%$。如果投资者当初是以股价5元买入的话，那么他所获得的股息率为：$0.2 \div 5 \times 100\% = 4\%$，比之前的2%要高很多。

根据此计算逻辑，红利指数在熊市中并处于低位时，才能获得高股息率；在牛市中并处于高位时，只能获得低股息率，此时红利策略与其他指数对比的优势就不显著了。所以翁量把“红利策略”归类为指数基金的低估选择策略。

常见的红利指数

①上证红利指数，由上证A股中股息率高、分红稳定、具有一定规模及流动性的50只股票组成。

②深证红利指数，由深证市场能给投资者提供长期稳定分红的40只股票组成。

③中证红利指数，选择沪深两市中现金股息率高、分红稳定、具有一定规模及流动性的100只股票组成。

投资者要想获得红利指数基金的长期回报，必须清楚长期回报的3个维度：长期回报来自股息、企业成长和PE波动的差价。如果红利指数的PE没有波动，那么其核心驱动因素就为：股息和企业成长。

投资实践

翁量曾经在3个熊市底部抄底过上证红利指数基金（510880），分别从2013年9月、2016年1月和2018年9月开始分批进场。在之后行情上涨中，上证红利指数基金的股息率开始低于固定收益理财品种的收益率时，分批卖出。

2018年9月11日，翁量在微信公众号中写下这样的一段话：

（当前）上证红利指数的股息率是多少呢？答案是4.59%，大幅高于十年期国债收益率，也高于很多货币基金的年化收益率，而且进入历史熊市底部的位置，表示上证红利指数开始具有安全的投资价值。……

从安全和风险角度，上证红利指数更具有安全性，如果明年或者后年甚至许多年后，上证红利指数还在这个位置，那么它就可以当成货币基金一样，持有并在每年1月稳定拿分红。

按它的分红规律，2019年1月分红0.12元，现在510880价格2.7元，假设到时候该基金还是这个价格，我们就可以赚到4.5%利息。

随着2018年10月的行情继续下跌，牛熊高度于10月19日达到0，翁量开始执行满仓抄底的计划，不仅重点抄底了消费基金，也加仓了上证红利指数基金（510880）。最后股市见底反弹，并于2019年1月开始持续大涨，直到4月8日，上证红利指数基金（510880）的股息率开始低于固定收益理财品种的利息，于是被翁量按计划卖出。在此次投资过程中，翁量从上证红利指数基金（510880）投资中获得21%的收益率。

4.2.2 指数基金盈利收益率法

每一位投资大师都有自己所擅长的投资方法，但是自己是投资大师，培养的多个学生也是投资大师的，就只有格雷厄姆。比如2008年成为世界首富的巴菲特，连续30年跑赢市场的约翰·内夫，“指数基金教父”约翰·博格，经历了18次经济衰退后仍为所有股东赢得了20%的年复合回报率的沃尔特·施洛斯，被《纽约时报》评选为“20世纪全球十大顶尖基金经理人”之一的约翰·邓普顿，等等。这也从侧面证明格雷厄姆的方法是可复制的，所以我们学习他的方法成功率是很高的。他的理论方法中最被其他投资大师认可的方法就是盈利收益率法，简单易学而且非常有效。

什么是盈利收益率

格雷厄姆在晚年的时候一直在思考一个问题：如何简单有效地给股票估值。他用了一个指标，叫作盈利收益率。比如一个公司盈利是10亿元，公司的规模是80亿元，那盈利收益率就是10÷80×100%，也就是12.5%。换句话说，如果我们用80亿元买下这个公司，那么这个公司可以给我们带来12.5%的收益率，这个收益率就是盈利收益率。

盈利收益率=公司盈利÷公司的总市值×100%。

盈利收益率大家比较陌生，但是说起市盈率，大家就比较熟悉了。

盈利收益率和市盈率的关系就是：盈利收益率的倒数就是市盈率。例如市盈率是20倍，那么盈利收益率就是5%。

弄懂了盈利收益率，我们就很容易判断一家企业是否值得投资，这个比纯粹的市盈率更容易理解。明白一只股票的盈利收益率是5%的实际意义，要比认识到这只股票的市盈率是20倍容易多了。

因为盈利收益率的“倒数”就是市盈率，同样一只指数基金，它的盈利收益率越高越具有投资价值，也就是它的市盈率越低越具有投资价值，所以翁量把盈利收益率法归类到低估指数基金投资方法之中。

怎么使用盈利收益率提高收益

格雷厄姆对全世界各个国家股市的历史数据进行观察后发现，绝大部分被低估的股票，盈利收益率都比较高，也就是市盈率比较低。这种股票后期涨幅大部分都很不错。这其中的逻辑是：盈利收益率 = 公司盈利 ÷ 公司总市值，公司总市值 = 股价 × 总股本。总股本通常不变，股票便宜了，公司的总市值就便宜了；同样利润情况下，盈利收益率高了，反过来考虑就是投资公司利润率高了，就具有了投资价值。

根据这个道理，我们要做的就是在指数基金盈利收益率高的时候进行投资，盈利收益率低的时候停止投资，甚至分批减仓或者卖出。那什么时候盈利收益率才算高或者低呢？格雷厄姆提出了两个标准。

①与长期国债收益率进行比较。一般长期国债的年收益率在4%左右，而格雷厄姆认为只有盈利收益率是国债的两倍以上时才可以考虑去投资。也就是说指数基金的盈利收益率达到8%以上，我们才可以考虑去投资。如果低于8%，该指数基金就没有了吸引力。

②盈利收益率要大于10%。

债券基金的风险较低，如果投资指数基金的盈利收益率还不能达到长期国债收益率的话，还不如投资长期国债来得安全。因为指数基金波动大，风险明显比国债收益率高多了，所以翁量认为投资指数基金的盈利收益率要大于长期国债收益率2倍才值得考虑去投资。

所以，我们使用指数基金盈利收益率的策略就很简单了：选择那些盈利收益率大于2倍国债收益率并且大于10%的指数基金。当整体市场盈利收益率高的指数基金比例不多的时候，表示整个市场高估，这时我们就应该控制股票的仓位，增加国债、货币基金和其他投资的仓位。

使用盈利收益率的限制和应用范围

这种方法就是让我们把指数基金看成一种具有稳定收益的理财产品，而盈利收益率就是指数基金这种理财产品的收益率。使用盈利收益率这个指标，可以让我们很容易地将指数基金与银行理财产品、P2P产品、债券等投资品种进行横向比较，更方便我们找到值得买入的投资品种。

但是，盈利收益率的使用也是有缺陷的。你可以看到，计算公式（盈利收益率＝公司盈利÷公司的总市值）的分子是公司盈利，公司盈利越稳定，那么盈利收益率也就越有效；反之，盈利越不稳定的小公司，这个指标也就越无效。

所以为了让盈利收益率这个指标更加有效，我们要选择成分股盈利稳定的指数基金。

这也是巴菲特选股时最显著的风格，他喜欢研究利润长期稳定的企业，并且满足他的其他标准才会考虑买入。巴菲特说：一个很笨却很有用的方法是，放弃那些盈利很不稳定、很难预测的公司，只寻找那些未来现金流量十分稳定、十分容易预测的公司，这样每年享有的利润就会像债券的利息一样稳定。通常这类公司有三个特点，一是业务简单、稳定，二是有持续竞争优势，三是盈利持续稳定。

巴菲特说，股市长期而言是一台称重机，最终会反映公司的内在价值增长。听起来似乎有些复杂，其实就像你买债券，表面看起来，利率是不变的，其实你赚取的是复利：你每年的利息，到了第二年，就成了新增的本金，这样你的本金总额其实越来越多，尽管利率不变，但每年你获得的利息总额越来越多。按照最初的本金来算，你获得的实际利率越来越高。但前提是持续时间足够长，所以必须长期持有内在价值持续增长的优秀公司。

绩优股，是指长期业绩优秀、回报率高并具有较高投资价值的股票。因其有关的信息已经公开，业绩明确，同时又兼有业绩优良、高成长、低风险的特点，因而具备较高的投资价值，往往为市场所看好。所以，当我们投资指数基金时，也要选择成分股是这类绩优股的指数基金。

总结：盈利收益率法是新手价值投资者最容易学会的一种方法。盈利收益率 = 公司盈利 ÷ 公司的总市值，盈利收益率就是市盈率的“倒数”。使用盈利收益率的策略是：选择盈利收益率高，并且盈利收益率大于 2 倍国债收益率并且大于 10% 的指数基金。

4.2.3　低估指数基金是烟蒂基

这几年市场上充斥着推荐低估指数基金的声音，各种各样的低估指数基金的估值表满天飞。指数基金名称和代码的背景用绿色或者类似颜色表示低估，用红色表示高估。

虽然这些估值表略有不同，但是大部分把中证 500、中证环保、中证军工这样的指数列为极低估，把中证消费指数列为极高估。尽管在 2018 年熊市中，中证消费指数跟随市场下跌之后，也依然被所有的估值表“判成”高估。

散户们几乎集体迷恋所谓低估指数基金，好像只有持有这类低估指数基金才能获得好的收益。他们使用的交易策略是：不断买进低估值指数基金，等估值恢复正常时卖出，进入低估区域再重新买入，不断循环。估值表采用最多的是 PE、PB 的绝对估值和相对估值。那么，这种用估值的方法来选取基金到底效果如何呢？

低估指数基金

我们一起回顾这些所谓极低估的指数、极高估的指数和沪深 300 指数在 2016—2019 年的涨跌情况，见表 4－2－1。

表 4－2－1　2016—2019 年指数涨跌幅度（%）

时期		2016—2017 年	2018 年	2019 年
所谓低估	中证 500 指数	15.99	－33.89	26.64
	中证环保指数	14.78	－38.99	19.61
	中证军工指数	－16.80	－27.25	22.02
基准估值	沪深 300 指数	36.82	－25.31	36.07
所谓高估	中证消费指数	93.53	－22.17	66.28

注：统计时间从 2016 年熊市最低点 2 月算起，截止到 2019 年 12 月 31 日。

在 2018 年熊市中，无论什么指数，几乎无一幸免，全部跟着行情下跌。中证 500 指数下跌了 33.89%，中证环保指数下跌了 38.99%，中证军工指数下跌了 27.25%。关键是 2016 年和 2017 年这些指数上涨幅度非常小，中证军工指数不仅没有涨，还下跌了 16.8%；而沪深 300 指数在 2016 年和 2017 年这两年时间上涨了 36.82%，2018 年下跌 25.31%；中证消费指数在 2016 年和 2017 年这两年时间上涨了 93.53%，2018 年才下跌 22.17%。

在这三年当中，低估指数基金在熊市中跌得比沪深 300 指数多，在

2016—2017 年小牛市中涨得比沪深 300 指数慢，甚至有的低估指数是下跌的。而所谓极高估的中证消费指数在 2018 年熊市中跌幅最少，而且在 2016—2017 年小牛市中没有下跌，涨幅还接近翻倍。

股市中，很多东西的真假只有在经历一个完整的牛市和熊市后才能看出来，特别是熊市的时候，好坏很容易辨别出来，跟患难见真情是一个道理。

我们再看这些所谓极低估的指数、极高估的指数和沪深 300 指数在 2019 年的涨幅情况：中证 500 指数上涨了 26.64%，中证环保指数上涨了 19.61%，中证军工指数上涨了 22.02%，而沪深 300 指数上涨了 36.07%，中证消费指数上涨了 66.28%。

这些实际数据表明：4 年中，低估的指数基金不仅在 2018 年熊市行情中下跌幅度比沪深 300 指数和中证消费指数多，而且在 2016 年、2017 年和 2019 年小牛市行情中上涨幅度也小于沪深 300 指数和中证消费指数。虽然只有 4 年时间，但也代表了一个熊市和两个牛市的结构。从长期来看，持有低估指数基金真的会获得不错的收益吗？翁量认为不会，持有低估指数基金的逻辑就跟捡“烟蒂股”一样。

何为“烟蒂股”

“烟蒂股”是对于市场估计价值远低于实际价值的上市公司股票的一种代称。这种股票的最大特点就是由于特定环境下的市场作用，其市场估值表现较低，股价十分低廉。而成分股以烟蒂股为主的指数基金，翁量称它为“烟蒂基”。

1998 年，巴菲特在佛罗里达演讲时这样评价“烟蒂股”：“我一开始买股票就这么买的，买那些股价远远低于营运资金的股票，从定量分析上看是非常便宜的股票，我把这种投资方法叫捡烟头。在大街上四处溜达，看哪有烟头可捡。最后发现了一个，上面带着口水，看起来很恶心，但是还能抽一口，于是弯下腰把它捡起来，免费抽了一口。有的股票和别人扔的烟头一样。捡起来免费抽一口，扔掉，然后继续在大街上四处溜达，接着捡。一点都不体面。捡烟头的投资方法管用，但是用这种方法买的都是资产回报率很低的生意。”

“股神”巴菲特掌舵的伯克希尔－哈撒韦2019年第三季度报告显示，营收和净利润大超华尔街预期，股价应声上涨，成为市场焦点。但是，美股持续攀升之下，因巴菲特囤积巨量现金，伯克希尔－哈撒韦整体的投资回报率却跑输大市。

巴菲特囤积巨量现金的原因有两个：

①巴菲特有个“牛熊高度”指标，只是他老人家很少说。美股整体股市涨多了，牛熊高度指标的数值就大了，所以他根据牛熊高度指标减仓了。

②美国股市有那么多的股票，难道就没有一只低估的股票给巴菲特买吗？如果有，为什么他不买呢？其实对巴菲特来说，他只想拥有绩优股，不愿意买业绩差的股票。无论持有多少现金，绝不碰业绩差的股票。

我们应该学习巴菲特，手上持有的现金再多也不要碰业绩差的公司（烟蒂股）和包含这种公司的指数基金（烟蒂基）。2018年很多人说中证500指数低估，中证消费指数高估。但是，翁量的做法恰恰相反。翁量在2018年10月19日2450点满仓抄底中证消费指数基金。截至2019年12月31日，中证消费指数上涨了61.65%，而中证500指数只上涨了35.19%。两种指数涨幅相差巨大。因为中证消费指数的成分股大部分是绩优股，中证500指数的成分股大部分是烟蒂股。

翁量认为，只要是烟蒂基（或烟蒂股），无论它怎么低估，都不应碰。除非烟蒂股企业的业绩开始好转，这种好转一般发生在中国 GDP 增长率上升时期，但是 2019 年的 GDP 增速还在逐渐下降。翁量认为，在 GDP 增速还在下降的时间里，继续持有“绩优基”会更加合适。翁量把成分股是绩优股的基金称为“绩优基”。

4.3

绩优股的指数基金

4.3.1 跟着巴菲特选绩优股基金

智者曰：“两弊相衡取其轻，两利相权取其重。”选择的关键就在于你看重什么。因此在选择指数基金时，我们要思考，是更注重其市盈率，还是其成分股企业的业绩。

我们来看看股神巴菲特是怎么做的。虽然20世纪50年代巴菲特使用“烟蒂股”投资法尝到不少甜头，但是在1964年巴菲特就注意到格雷厄姆买进廉价股的策略存在价值实现的问题。从50年代中后期开始，由于市场保持10多年持续上涨，这种投资机会越来越少。

1969年，39岁的巴菲特从费雪的著作《普通股和不普通的利润》中受到启发，开始注重并选择投资优质公司。

费雪生于1907年，是现代投资理论的开路先锋之一，成长股投资策略之父，教父级的投资大师，是华尔街极受尊重和推崇的投资家之一。

费雪认为超级利润来源于两个方面：

①投资那些潜力在平均水平之上的公司；

②公司有卓越的管理层。

他经常说，持有少量的优质公司的股票，好于持有一大批平庸公司的股票。

费雪的选股思路与格雷厄姆的区别

①研究范围不同：格雷厄姆是“低风险”的数量分析家，他建议投资者不要关注产业和公司管理，应将精力用于财务分析和统计数据分析，通过分析来寻找价值被严重低估的廉价股票。费雪是“绩优股”的质量分析师，非常重视对公司业务、管理等进行深入研究，通过方方面面的访问和调查，分析公司未来的发展。费雪名下的投资管理顾问公司每年所投资股票的平均报酬率都在20%以上。其1957年出版的《普通股和不普通的利润》一书，至今仍是美国各大投资管理研究所指定的专业级教科书目。

②选股标准不同：格雷厄姆选择的公司股票，大多是被巴菲特称为“雪茄烟蒂”的股票类型，其价格非常便宜且公司业绩相当普通。费雪投资哲学的核心是寻找未来几年每股盈余将大幅增长的“真正杰出的公司”。

③持有期限不同：格雷厄姆持有股票的期限非常短，他认为所有在两年内收益率未达到50%目标的个股，都应该在两年期满后及时卖出。一旦他持有的股票收益率达到目标值，他也会立即卖出，再买价格更低的股票以期获利。费雪则更看重长期的价值，强调长期持有。他曾说过：“如果当初买进普通股时，事情做得很正确，则卖出时机是：几乎永远不会到来。”

用巴菲特的选股思路来选绩优股基金

1972年巴菲特接受芒格的建议，用2500万美元收购了喜诗糖果公司。这一收购意味着巴菲特开始向“为质量付出代价”的方向前进，同时伯克希尔公司也开始减少套利操作，以及减少对廉价股票的投资行为，继而转向对绩优企业进行长期投资。

1969年巴菲特曾经说过：“我的方法85%来自格雷厄姆，15%来自费雪。”但是从近20年来巴菲特的投资过程中发现，他的投资方法已经变为“50%来自格雷厄姆，50%来自费雪”。即巴菲特在选股方面，偏向于费雪的逻辑；在风险的控制上，更偏向于格雷厄姆的安全边际方法。

巴菲特通过结合格雷厄姆的安全边际理论和费雪的成长股理论，逐渐产生了自己的选股逻辑：用合理的价格买入绩优的企业，比用低廉的价格买入平庸的企业要好得多。

以巴菲特所投资企业中账面利润赚得最多的可口可乐公司举例来说，1988年巴菲特以14.5倍PE买入（当年每股收益0.36美元，买入均价5.22美元），如果纯粹从数学角度计算，可口可乐公司的价格在当时并不便宜，而且当时美国的国债利率是10%左右。

但真正使巴菲特彻底摆脱格雷厄姆的思想束缚并完成进化的人是查理·芒格。芒格对任何一家具有优势价值的企业都有着极其敏锐的观察力，他把费雪的公司特质理论进一步具象化。巴菲特说：“查理把我推向了另一个方向，而不是像格雷厄姆那样只建议购买便宜货，这是他思想的力量，他拓展了我的视野。我以非同寻常的速度从猩猩进化到人类，否则我会比现在贫穷得多。”

此时的巴菲特针对绩优企业能否长期保持优势，又进一步提出了一个新的理论："护城河"。"护城河"是比喻企业因某些优势而具有一定的垄断性或强大的核心竞争力。

综上所述，格雷厄姆给予了巴菲特投资的风险知识——安全边际，并帮助他学会独立思考、掌控情绪以及如何利用市场的波动获利。

根据安全边际理论，巴菲特创造了一个"牛熊高度"指标，他在2007年根据"牛熊高度"减仓股票，又在2008年金融危机之后抄底股市。而现在他依然根据"牛熊高度"指标，持有大量的现金。

但在选股上，费雪教会巴菲特的则是更新的且可执行的选股方法论，帮助他发现长期的绩优的投资对象。

最后，芒格帮助巴菲特认识到购买并持有好企业带来的回报。

当我们了解了巴菲特的思想是这三个人智慧的结晶之后，对于他很多看似令人迷惑的做法自然就有了答案。我们要学习巴菲特那样重视长期的优秀投资对象（绩优股），作为基金投资者的我们，应当选择绩优股基金，并且长期持有。

投资绩优股基金，虽然从长期看确定性比较强，短期也可能面临高估的问题，但是高估不代表短期涨不过其他指数基金。当然，绩优股基金短期也会存在涨不过其他基金的时候，比如市场在赌年报、降息、周期等，或者在牛市垃圾股满天飞的行情里。

4.3.2 绩优股基金的"护城河"和净资产收益率

为了选好绩优股基金，本部分将带大家认识什么是绩优股、绩优股的内核（拥有很宽的"护城河"）以及如何判断绩优股（参考指标为净资产收益率）。

绩优股企业的“护城河”

1993 年巴菲特在致股东信中首次提出了“护城河”的概念。他说：“最近几年，可乐和吉列剃须刀在全球的市场份额还在增加，它们的品牌威力、它们的产品特性以及销售能力，赋予它们一种巨大的竞争优势，在它们的经济堡垒周围形成了一条护城河。”

1995 年 5 月 1 日，在伯克希尔－哈撒韦公司的年度会议上，巴菲特对“护城河”理念做了更为深度的阐述：“奇妙的、由很深很危险的护城河环绕的城堡。城堡的主人是一位诚实而高雅的人，城堡最主要的力量源泉是主人天才的大脑，护城河永久地充当着那些试图袭击敌人的障碍；城堡的主人制造黄金，但并不都据为己有。简单地说，我们喜欢的就是这样具有控制地位的大公司，这些公司的特许权很难被复制，具有极大或永久的持续运作能力。”

2000 年，在伯克希尔－哈撒韦公司年会上，巴菲特再次提道：“让我们来把护城河、保持它的宽度和保持它不被跨越，作为一个伟大企业首要标准。”查理·芒格同样认为，一个企业的竞争优势，就是该企业的“护城河”，是保护企业免遭入侵的无形壕沟。优秀的公司拥有很深的护城河，这些护城河不断加宽，为公司提供长久的保护。

2007 年，77 岁的巴菲特进一步强调竞争优势“护城河”必须具有可持续性：“一家真正伟大的企业必须拥有一个具有可持续性的‘护城河’，从而能够保护企业获得非常高的投资回报。资本主义的经济机制本身注定了，那些能够赚取很高投资回报的企业‘城堡’必定会一再受到竞争对手的攻击，因此，企业要想取得持久的成功，至关重要的是要拥有令竞争对手望而生畏的竞争壁垒。”

那么，什么才是企业真正的“护城河”？

曾在世界顶级评级机构晨星公司担任策略分析师的马克·塞勒斯对巴菲特持久“护城河”理论做了进一步完善，他认为，持久“护城河”是一种结构性的竞争优势。也就是说，如果你的竞争对手明知你的秘密却仍然无法模仿，你就拥有了这种结构性竞争优势，那才是真正的护城河。最后，晨星公司的帕特·多尔西总结出公司“护城河”的五大来源：

1. 无形资产（品牌、专利或政府授权）

拥有“护城河”价值的品牌能给企业带来定价能力，或可复制的商业模式，甚至能转化为可持续的经济利润。但不是所有的品牌都具有“护城河”，比如航空公司。只有提高消费者购买意愿的品牌，或者能巩固消费者对商品的依赖性的品牌，才能形成“护城河”。比如贵州茅台，虽然多年来价格不断上涨，但消费者仍然愿意埋单，这样的企业就具备很明显的品牌溢价“护城河”。如果一个品牌，不能通过定价权或重复购买等形式来创造收益，那么这种品牌就不具备或无法创造竞争优势。

专利也是一项重要的“护城河”来源。如果一家公司的产品受到专利保护，而市场上也不存在真正的替代品，那么专利会阻止行业中的其他厂家参与同质产品的竞争，也会让这家公司享有持续的定价能力。政府授权是另一项无形资产，如果政府限制其他公司进入该市场领域，那么一家公司就获得了重要的可持续竞争优势。

片仔癀集团就是一个很好的例子。片仔癀是中华老字号，历史悠久，其品牌知名度远扬海外。并且片仔癀配方属于国家绝密配方，只允许独家生产，别无分店，从而保证了该类药绝无竞争对手。此外，该药原料中的天然麝香成分，也需要经国家审批方可使用，而目前国内天然麝香仅有几家药企可以使用，所以不难看出片仔癀具有双重保险，属于该药类中名副其实的寡头垄断，具有很强的定价权。

这三类无形资产当中，专利技术“护城河”由于容易被迭代、被模仿，相对来说比较弱，所以它的力量常常被高估；而政府授权垄断相对较强。如果你找到了一家公司，具有高定价权的品牌，或有限制竞争的政府授权，或是拥有一整套多样化专利权以及创新经验丰富的公司，那么恭喜你，你找到了拥有“护城河”的公司。

2. 转换成本

转换成本是指，若在同类产品中进行转换，顾客会因此遭受不便或产生费用支出。当顾客面临高昂的转换成本时，就不会轻易地尝试新的产品，除非新产品在价格或功能上有很大的改善。转换成本等于客户从A公司产品转向B公司产品所发生的转换花费减去产品替换省下的钱。比如，客户购买A公司的产品价格是100元，而B公司的产品价格只要60元，如果客户用B公司产品替换A公司的，他可节省100－60＝40元。从A公司产品迁移到B公司的产品，需要交接、培训甚至还需要招募新的团队来维护，所有转换的费用假设是80元，那么转换成本就是80－40＝40元。当这个转换成本很高时，客户就不会轻易进行这种转换，所以从利益上，你就牢牢地锁定了客户。从转换成本中受益的行业包括：ERP软件提供商、财务软件提供商、资产管理公司等。

3. 网络效应

随着越来越多的用户使用某种产品或服务，该产品或服务对新老用户的价值也随之增加，这便出现了网络效应。网络效应的核心是“因为别人用，所以我也用”，先发优势突出，马太效应明显。社交和电商的本质都是要聚集，具有极强的网络效应。比如微信、QQ、Facebook，我的朋友都用微信，那我为了更好地沟通，也必须用微信；再如淘宝天猫、滴滴打车，更多的商家会吸引更多的消费者，而更多的消费者又反过来吸引更多的商家入驻。网络效应会使商业形成一种良性循环，使得强大的公司变得更加强大，这对互联网公司尤为适用。

4. 成本优势

如果公司有能力以更低的成本提供产品或服务，那么它就拥有了成本优势。公司能以更低的价格参与市场竞争来抢占市场份额，也能以与竞争对手相同的价格出售产品或服务，以获得更丰厚的利润。有利的成本优势可能来源于工艺优势、上好的地理位置、规模效应或者对某项独特资产的取得便利。

我要的城墙可以是多样的，举例来说，在汽车保险领域的盖可保险，它的城墙就是低成本。人们是必须买汽车保险的，每人每车都会有，我不能卖20份给一个人，但是至少会有一份。消费者从哪里购买呢？这将基于保险公司的服务和成本。多数人都认为（各家公司的）服务基本上是相同的或接近的，所以成本是它们的决定因素。所以，我就要找低成本的公司，这就是我的城墙。当我的成本比竞争对手的越低，我就会越加注意加固和保护我的城墙。当你有一个漂亮的城堡，肯定会有人对它发起攻击，妄图从你的手中把它抢走，所以我要在城堡周围建起城墙来。

——1998年秋天，巴菲特在佛罗里达大学商学院的演讲

5. 规模效应

规模效应是成本优势“护城河”中最常见的一种，企业通过规模效应创造出的经济“护城河”通常更长久。成本分为固定成本和可变成本，当固定成本不变时，产量增加，分摊到单位产品上的固定成本就越少，单位产品的总成本就小，卖同样的价格，收益则会越高。这种效应常见于工厂流水线的生产，产量越大就越能把固定成本分摊到越多的产品中，单位产品的成本越低。卖同样的价格，就会收获到更多的利

润。另外还有通过扩大销售分摊固定成本，例如游戏业。当把游戏销售给越多的玩家，分摊到每个卖出的游戏中的开发成本占比越小，利润也就越高。

综上所述，巴菲特的“护城河”，侧重的是守，瞄准的是基业长青，从商业的基本原理出发，构建坚固的壁垒，追求的是确定的未来。但是未来确定性的高低又取决于“护城河”的宽窄。我们按照竞争优势把公司分为两类：竞争优势非常持久的公司拥有宽“护城河”，竞争优势明显却不够持久的公司则拥有相对窄的“护城河”。

巴菲特1999年给《财富》杂志写的文章中提道：“对于投资来说，关键不是确定某个产业对社会的影响力有多大，或者这个产业将会增长多少，而是要确定任何一家选定的企业的竞争优势，而且更重要的是确定这种优势的持续性。那些所提供的产品或服务具有强大的竞争优势的企业能为投资者带来满意的回报。”即时间是优秀企业的朋友，是劣质企业的敌人。

但是，无论一家公司拥有多强大的“护城河”，最终都有可能被新的竞争对手攻破。伟大的“护城河”从来都不可能阻挡住敌人的入侵，反而还会招致更多敌人的攻击。在遇到相对弱小的对手时，“护城河”是可以保命的。但又由于有“护城河”的保护，城内的人往往倾向于安于现状，不思进取。尤其是遇到更强大的对手时，“护城河”可能会成为制约公司的枷锁，甚至是困住自己最后逃命的天堑。比如柯达，统治了美国胶卷市场长达几十年，财源滚滚，利润丰厚。但不幸的是，由于其在传统相机领域形成的巨大优势，使得公司躲在“护城河”内不思进取，到最后优势反而变成锁住自己的劣势，最终倒在数码时代。科技变革可以破坏企业的竞争优势，因此靠科技发展的公司有时候可能在短时间内被其他新的科技公司替代。科技变革的影响是不可预测的，所以巴菲特很少会投资科技类公司。他说："我不知道科技公司10年以后会怎么样，所以我不买这类的股票，因为我不具备这样的能力。"

绩优股企业的净资产收益率指标

在《巴菲特的护城河》这本书中，晨星公司的帕特·多尔西把公司分为三类，宽"护城河"的公司、窄"护城河"的公司和没有"护城河"的公司。我们应该如何识别和判断这些公司"护城河"的情况呢？

第一步，判断一个企业是否拥有护城河，先要看其净资产收益率（ROE）。帕特·多尔西说，可以把15%作为衡量企业竞争能力的临界值——只要企业（剔除高杠杆公司通过负债提高净资产收益率）的净资产收益率长期达到或超过15%，那么，它就更有可能比那些低于该临界值的企业拥有"护城河"。

1979年巴菲特在致股东的信中说道："我们判断一家公司经营好坏的主要依据，取决于其净资产收益率（排除不当的财务杠杆或非经常性损益）。"什么是非经常性损益？非经常性损益是指公司发生的与经营业务无直接关系，以及虽与经营业务相关，但由于其性质、金额或发生频率，影响了真实、公允地反映公司正常盈利能力的各项收入和支出。举个例子，对于个人来说，小明的年薪是5万元，这属于经常性损益。在某一年，他中了5万元的彩票，这就属于非经常性损益，是不可持续的。如果小明对外宣称自己的年收入是10万元，显然是不合理的。

关于净资产收益率，巴菲特曾多次提到这句话："公司能够创造并维持高水平的净资产收益率是可遇而不可求的，因为这样的事情实在太少了！因为当公司的规模扩大时，维持高水平的净资产收益率是极其困难的事。"

那净资产收益率究竟是什么，居然有这么大的魔力，让“股神”都如此信服。它真的可以选出优秀的公司吗?

净资产收益率，又称股东权益报酬率/权益报酬率/权益利润率/净资产利润率，是净利润与平均股东权益的百分比，是公司税后利润除以净资产得到的百分比率。该指标反映股东权益的收益水平，用以衡量公司运用自有资本的效率。指标值越高，说明投资带来的收益越高。该指标也体现了自有资本获得净收益的能力。比如一家净资产 1 亿元的公司，一年的净利润为 2000 万元，那么该公司的 ROE 就是 $0.2 \div 1 \times 100\% = 20\%$。

曾经有记者问巴菲特，如果只能用一种指标去投资，会选什么。巴菲特毫不犹豫地选择净资产收益率。他老人家还曾经说过：“我所选择的公司，都是净资产收益率超过 20% 的好公司。”在后面的章节中，我还会针对性叙述净资产收益率。

第二步，需要我们用竞争分析工具去多维度分析企业，比如该企业是否拥有知名品牌，是否有专利权，是否有政府授权，客户转换到竞争对手产品的转换成本如何，是否能维持低成本，是否受益于网络效应，是否会受到技术变革或行业变迁的影响。

第三步，要看公司的竞争优势有多大，这种竞争优势能否长久维持抑或只是昙花一现。

要了解一个公司是否拥有“护城河”，也要重视其以往的资本回报率。高的资本回报率意味着企业有可能拥有“护城河”，而糟糕的资本回报率意味着企业缺乏竞争优势，除非其业务出现实质性的变化。

如果一家公司资本回报率的历史业绩保持强劲，那么，我们就需要知道它是如何做到并延续这样的资本回报率。这时我们就可以运用上面讲述的竞争分析工具，确定该企业是否拥有“护城河”。如果没有充分依据证明企业能够保持这种资本回报率，就说明这家企业很可能没有“护城河”。

如果通过判断，认为一家企业拥有“护城河”，那下一步就需要判断这条“护城河”是否牢固，能维持多久。有些企业的“护城河”可以保持十年，但有些就没有那么久了。如果企业的“护城河”不够牢固，并且正在变窄，我们就要放弃这样的企业。

当然，再好的公司如果用很高的估值去购买的话，中期和短期都可能浮亏。我们应该在股价低于企业的内在价值时买进。但决定企业内在价值的又是什么？包括风险、增长率、资本回报率和经济“护城河”。我们应该耐心等待，在绩优股基金的成分股的股价低于其内在价值时买进。

4.3.3 持有绩优股基金长期收益高

绩优股基金和烟蒂基的短期、长期收益具体有哪些区别呢？

约翰·博格在《投资稳赚》中把股票的收益划分为两个部分：投资收益（企业经营收益）和投机收益（市盈率增加）。所以，指数基金成分股的企业经营收益和市盈率两个因素共同影响指数基金的收益。

我们再从股价公式（股价 = 市盈率 × 每股收益）看，如果以 1 年为期，指数基金的收益就是 1 年的平均每股收益增量乘以 1 年的市盈率变化量。

在市场普遍认为“好股票价格贵，烂股票价格便宜”的前提下，烟蒂基的投资逻辑就是购买低估值的指数基金，等估值回升正常后再卖出。其盈利思路主要在于赚取估值。但是，低估指数基金不一定能跑赢市场，因为在熊市中，低估指数基金未必比市场跌得少；而在振荡行情或者慢牛行情中，低估指数基金未必比市场涨得多。在上一章中，翁量用接近4年的数据已经证明了这一点。

翁量认为，选基金的主要目标是跑赢沪深300指数，否则选基金就没有意义。如果我们的投资标的不能跑赢沪深300指数，我们为何不直接选择投资沪深300指数呢？花大量时间研究低估指数基金不是浪费时间吗？

根据翁量的经验，只有当市场处于特别大的牛市、GDP增长率开始上升以及投机气氛非常浓厚时，烟蒂基成分股业绩才会开始好转或者有较大的好转预期，此类基金才可能获得市场炒作，涨幅才可能会超过沪深300指数。但是在国内A股市场牛短熊长的情况中，这种机会简直可遇不可求。即便出现了这样的机会，持有券商指数基金也许会获得更大的收益。

为什么持有绩优股基金长期收益更高

在漫长的熊市、振荡市和慢牛市中，绩优基将涨得更好，原因就在于每股收益的增加。具体来说，企业赚取的利润一部分会重新投入扩大再生产，从而产生更大的收益，导致每股收益增加，而且这种增加方式是复利的。比如每股收益每年增加20%，复利4年是1.07倍。假设市盈率不变，再将“每股收益增加1.07倍”代入股价公式，得出结论是：股价增加了1.07倍。如果复利30年，股价将会涨到原来的237倍。那么，从长期结果导向来看，刚开始买入的市盈率影响也会相对小一些。

我们不妨反过来思考一下，烟蒂基只有在特定条件下才有机会跑赢沪深300指数（但在熊市中又会大跌回去），在大部分时间跑不赢绩优基，这是不是也意味着烟蒂基并没有被低估？

2018年底，大部分人认为中证500指数被极度低估，中证消费指数被极度高估。但事实是这样吗？我们用 ROE 指标和 PEG（市盈率相对盈利增长比率）指标来分析一下这两个指数。

衡量一个企业、一家公司优质与否，最基本的标准是能否保持长期稳定的盈利能力。利润是投资者取得投资收益、债权人收取本息的资金来源，是经营者经营业绩和管理效能的集中表现，是职工集体福利不断完善的重要保障，最终也是企业履行社会责任的能力来源。所以，如何衡量企业的盈利能力就显得尤为重要，而 ROE 是更为常用的衡量盈利能力的重要指标。

芒格曾说过类似的话，大概意思是说如果你持有一只股票 40 年，你的收益率和其 ROE 差不多，而你当初买的价格高低对收益率影响不大。这是什么原因呢？我们可以看下面的例子。

例如有公司 A 和公司 B，股价分别为 10 元、20 元，每股收益均为 1 元，ROE 分别为 15%、30%，则其 PE 分别为 10 倍、20 倍。根据 PB（市净率）= ROE × PE，则两公司的 PB 分别为 1.5、6。根据净资产 = 股价 ÷ PB，则两公司的净资产分别为 6.67 元、3.33 元，如表 4-3-1 所示。

表 4-3-1 公司 A 和 B 的关键数据

	公司 A	公司 B
股价（元）	10	20
EPS（每股收益）（元）	1	1
ROE	15%	30%
PE（倍）	10	20
PB（倍）	1.5	6
净资产（元）	6.67	3.33

A、B 两公司 40 年后的净资产将分别为：

A 公司：$6.67 \times (1+0.15)^{40} = 1786.65$ 元，估值不变的情况下，

其股价为 1786.65 × 1.5 ≈ 2679.98 元，40 年年均复合收益率为 15%（年均复合收益率 = 期末与期初的比值开 N 次方再减 1）——等于公司的 ROE（15%）。

B 公司：$3.33\times(1+0.3)^{40}=120275.82$ 元，估值不变的情况下，其股价为 120275.82 × 6 = 721654.92 元，40 年年均复合收益率为 30%——等于公司 ROE（30%）。

假如当初买 B 公司的时候买贵了，以 30 倍 PE 也就是 30 元的价格买入，第 40 年市盈率为 20 倍，则 40 年年均复合收益率为 28.69%——当初买贵 50% 那么多，但最终收益率没有明显差别。

现在，你应该明白了为什么说长期持有的收益率接近于公司的 ROE 了吧？

现在，中证 500 指数的 PE 为 26.03，ROE 为 6.76%，如果按最近 10 年平均来计算，大约是 8.12%。如果持有 40 年，涨幅 = $(1+0.0812)^{40}=22.7$ 倍。

而中证消费指数的 PE 为 33.14，ROE 为 20.03%，如果按最近 10 年平均来计算，大约是 17.52%。如果持有 40 年，涨幅 = $(1+0.1752)^{40}=637.5$ 倍。

收益相差了 28 倍之多!

也许你会说中证消费指数的 PE 太高，那好，砍去一半，留下 15.77。持有 40 年，涨幅 = 637.5 ÷ 2 = 318.75 倍。这也是中证 500 指数涨幅的 14 倍之多。

总　结

短期来看，只有当市场处于特别大的牛市、GDP 增长率开始上升以及投机气氛非常浓厚之时，烟蒂基成分股业绩才会开始好转或者有较大的好转预期，此类基金才可能获得市场炒作，涨幅才可能会超过沪深300指数；长期来看，在漫长的熊市、振荡市和慢牛市中，绩优基将涨得更好，原因就在于每股收益的增加。

正如芒格所说：从长期看来，一只股票的回报率与企业发展息息相关，如果一家企业40年来的盈利一直是资本的6%（ROE为6%），那40年后你的年化收益率不会和6%有什么区别，即使当初你买的是便宜货。如果企业在20~30年盈利都是资本的18%，即使当时出价高，其回报依然会让你满意。但还是请注意，这里说的回报是指长期回报（比如40年），因为短期也有可能出现回报低或者亏损的情况，比如在估值很高的时候买入或者遇到熊市，估值下降导致了股价的下跌。

所以，我们在投资绩优股指数基金时，也要耐心等待，在其估值不高和“牛熊高度”数值不大的时候定投或分批买进。

4.4

固定收益类品种

4.4.1 债券及债券基金投资

前文介绍过股债平衡的资产配置，指出没有进入股市的资金可以购买银行固定收益理财品种、货币基金、债券或者其他类似固定收益的投资品种。从长期来看，债券的实际利率高于同期限的定期存款利率，所以债券这个投资品种非常值得我们深入研究，并应用在投资之中。

债券的优势

在长达20年、30年甚至50年的投资时间跨度中，股票投资者的收益率一般能大幅超过债券或者其他类似固定收益品种。但是，在股市进入极度高估后的几年或者牛市见顶后开始进入熊市的这段时间，债券的收益率就会高于股票的收益率，而此时的股票可能会出现亏损。债券往往在熊市中将取得比平时更好的收益率。从短期来看，股市波动方向具有不确定性，我们可以用债券或者其他类似固定收益品种来做资产配置，以降低投资的风险性，使投资回报率趋于平稳。

现在我们先来看一组数据：2018 年在各类型基金中，债券基金的平均收益率最高，为4.23%，多只超短债基金收益更是高达8%；其次是货币基金，为3.50%；商品型基金年平均收益率为2.66%；QDII基金年内平均收益率为-6.78%。权益类基金受累于股市大跌，整体表现不佳，股票型2018年的平均收益率为-25.43%，混合型基金的平均收益率为-14.19%。

表4-4-1　2018年各类基金平均收益率（%）

基金	股票型	混合型	QDII基金	商品型基金	货币基金	债券型
收益率	-25.43	-14.19	-6.78	2.66	3.50	4.23

翁量在2018年的投资中，1月24日大幅减仓股票和股票型基金，只剩下一定仓位的消费股和消费指数基金，并且将减仓所得资金用来配置债券基金和货币市场基金。因为在2018年一整年中，消费股和消费指数基金下跌较少，再加上债券基金和货币市场基金获得正收益，2018年翁量的投资回撤只有5.05%。

什么是债券

债券是一种金融契约，是政府、金融机构、工商企业等直接向社会借债筹措资金时，向投资者发行，同时承诺按一定利率支付利息并按约定条件偿还本金的债权债务凭证。债券的本质是债的证明书，具有法律效力。债券购买者或投资者与发行者之间是一种债权债务关系，债券发行人即债务人，投资者（债券购买者）即债权人。由此，债券包含了以下三层含义：①债券的发行人（政府、金融机构、企业等机构）是资金的借入者；②购买债券的投资者是资金的借出者；③发行人（借入者）需要在一定时期还本付息。

债券与储蓄存款有什么区别

①安全性不同。从整体上看，储蓄存款安全性高于债券。从债券分类看，政府债券因为其发行人是政府，以财政作担保，所以其安全性最高。金融债券的发行基础是银行信用，其安全性与储蓄存款基本相同。而企业债券发行者为各类企业，而不同企业的资金实力、经营状况不同，其安全性相对较差，投资者要承担因企业亏损、破产而不能及时或按规定条件还本付息的风险。我国对企业债券的发行有相应的规章制度、限制措施，一般是规模较大和资信级别较高的公司或企业，经过有关部门审查批准后才准予发行。

②期限不同。储蓄存款的期限通常较短，定期存款期限较长，最长为 8 年。而债券虽也有 1 年内的短期债券，但多数期限较长，有的长达几十年。我国近年来债券发行比较频繁，品种多样，长、中、短期相结合，适应了投资者不同期限的投资需求。

③流动性不同。流动性即投资工具在短期内不受损失地变为现金的能力。活期存款流动性非常强，随时可以到银行转化为现金；但定期存款则缺乏流动性，储户若急需现金，将未到期的定期存款提前支取时，不管需要多少，全部存款只能一次性支取，并按照活期存款利率计息。存款越多，期限越长，利息的损失越大。而债券具有较强的流动性。债券投资者若急需现金，可以根据需要，将手中持有的债券在市场上进行转让，转让价格为市场价格，债券按规定利率和已持有期限应计而尚未支取的利息收入已包含在市场价格之中。

④收益性不同。从长期来看，债券的实际利率高于同期限的定期存款利率。储蓄存款的收益是利息收入，我国目前的利率是由中央银行统一规定的，期限越长，利率越高。债券投资收益的构成相对复杂一些。

债券投资收益最基本的部分是利息收入，但买卖债券时由于价格的变化，还可能得到资本收益。若考虑复利，则分期支付利息的附息债券投资收益还应计入利息的再投资收入。

债券的分类

债券可以依据不同的标准进行多种分类，其中最常见的分类如下：

①按发行主体划分，债券可分为政府债券、金融债券和公司债券三大类。政府债券是政府为筹集资金而发行的债券，主要包括国债、地方政府债券等，其中最主要的是国债。国债因其信誉好、利率优、风险小而又被称为“金边债券”。金融债券是由银行和非银行金融机构发行的债券，金融机构一般有雄厚的资金实力，信用度较高，因此金融债券往往有良好的信誉。企业债券通常又称为公司债券，是企业依照法定程序发行，约定在一定期限内还本付息的债券。公司债券的发行主体是股份公司，但也可以是非股份公司的企业，所以，一般归类时，公司债券和企业发行的债券合在一起，可直接称为公司（企业）债券。

②按财产担保划分，债券可分为抵押债券和信用债券两大类。抵押债券是以企业财产作为担保的债券，一旦债券发行人违约，信托人就可将担保品变卖处置，以保证债权人的优先求偿权。信用债券是不以任何公司财产作为担保，完全凭信用发行的债券。政府债券属于此类债券。这种债券由于其发行人的绝对信用而具有坚实的可靠性。除此之外，一些公司也可发行这种债券，即信用公司债。与抵押债券相比，信用债券的持有人承担的风险较大，因而往往要求较高的利率。

③按偿还期限划分，债券可分为长期债券、中期债券、短期债券三大类。偿还期在 10 年以上的为长期债券；偿还期在 1 年以下的为短期债券；偿还期在 1 年以上、10 年以下（包括 10 年）的为中期债券。

④按是否可转换划分，债券可分为可转换债券和不可转换债券两大类。可转换债券是指在特定时期内可以按某一固定的比例转换成普通股的债券，它具有债务与权益双重属性，属于一种混合型筹资方式。可转换债券的内容在后面章节再作详细介绍。不可转换债券是指不能转换为普通股的债券，又称为普通债券。由于其没有赋予债券持有人将来成为公司股东的权利，所以其利率一般高于可转换债券。

其实债券的分类还有很多类型，比如按计息方式划分，可分为固定利息债券、浮动利息债券和零息债券；按嵌入条款划分，可分为可赎回债券、可回售债券、可转换债券、通货膨胀联结债券和结构化债券等。

债券基金更适合普通投资者

如何选择好的债券跟如何选择好的股票一样，也需要一定的专业知识。针对债券，仅计算公式就有很多，比如计算到期收益率、远期收益率和久期等。当然，债券也涉及估值问题，投资者需要通过债券的面值、票面利率、年化市场利率和到期时间来计算债券的内在价值，然后与当下债券价格比较，判断目前的价格是高估还是低估。所以，对普通的投资者来说，投资债券基金比直接投资债券更加简单。

任何投资品种从短期来看，均存在风险，债券投资也面临一系列的风险，这些风险可以划分为六大类：信用风险、利率风险、通胀风险、流动性风险、再投资风险和提前赎回风险。其中风险最大的是信用风险，发行债券的借款人不能按时支付债券利息或偿还本金，而给债券投资者带来损失的风险，但这种风险一般在政府债券中不会发生。

如果投资者要获得更高的债券投资收益，就要考虑配置风险和收益更高的企业债，但是翁量依然强调要分散投资，不要将所有的鸡蛋放在同一个篮子里。基金公司会有专业的团队对市场上各品类的债券进行调研分析，还会借助庞大资金和众多投资者的优势使每个投资者面临的投资风险变小；另一方面又利用不同的投资对象之间的互补性，达到分散投资风险的目的。

债券基金的定义和分类

债券基金，又称为债券型基金，是指专门投资于债券的基金，它通过集中众多投资者的资金，对债券进行组合投资，寻求较为稳定的收益。个人可投资的债券品种主要有凭证式国债、记账式国债、储蓄国债等，但不能买卖银行间市场交易的国债和金融债。而投资债券基金，就可以通过债券基金“买到”许多利率较高的企业债，也可以“进入”银行间债券市场去买卖在那里交易的金融债和国债，获取更高的收益。

根据中国证监会对债券基金类别的分类标准，可以将债券基金划分为债券基金和纯债券基金。基金资产80%以上投资于债券的为债券基金，债券基金也可以有一小部分资金投资于股票市场，另外，投资于可转债和打新股也是债券基金获得收益的重要渠道。纯债券基金不投资股票，只投资于债券，纯债券基金又可以分为短期纯债基金和中长期纯债基金。因为债券基金资金有小部分投资于股票，所以债券基金的净值平时会有波动；而纯债券基金不投资股票，只投资于债券，净值波动较小，更加靠近固定收益类品种。

用债券基金做资产配置

前文讲了我们根据“牛熊高度”调整股票（或股票型基金）和固定收益类的仓位。如果把债券基金作为固定收益类品种，债券基金中又有部分资金投资于股票，这就导致根据“牛熊高度”调整的仓位会出现偏差。比如我们将30%的资金配置到股票（或股票型基金）上，将

70% 的资金配置到债券基金上，实际上股票和债券的比例不是 3∶7，股票的占比会超过 30%。因此，翁量所说的资产配置要投资的债券，指的是纯债券基金。

纯债券基金同样也分为场外纯债券基金和场内纯债券基金。场外纯债券基金购买方式与购买场外股票型基金方式相同；场内纯债券基金交易的方式也与股票的交易方式相类，可以在券商的交易软件上实现。场内纯债券基金中目前交易金额最大的是国泰上证 5 年期国债 ETF（511010），有时候 1 个交易日的交易金额可以达到 2 亿 ~3 亿元。

我们通过投资纯债券基金来替代直接投资债券，就是为了降低债券的信用风险，但是另一个风险是债券和纯债券基金都无法避免的，那就是利率风险。利率风险是指利率变动引起债券价格波动的风险。持有 1 年以上，利率风险基本不会影响投资纯债券基金的本金，但是依然会影响投资收益率。

纯债券基金投资中的择时

如果我们能利用好利率的波动，还能增加投资纯债券基金的收益率。这个要从债券价格（纯债券基金的净资产价值）和市场利率的“反向关系”说起。例如，老王购买了一只息票率为 5% 的 2 年期债券，当时的市场利率为 5%，每张债券支付了 1000 元。3 个星期后，市场利率上升，市面上发行了息票率为 6% 的新债券。这两种债券的品种、到期日和售价都相同，如果其他投资者想购买老王的旧债券，肯定不会以 1000 元购买，因为他可以用同样的价格买息票率为 6% 的新债券，持有 2 年可以获得 120 元的收益。老王为了让自己的债券能够转售出去，只能报出低于 1000 元的价格，这个价格可能是 980 元，这时老王亏损了 20 元。这就是老王面临的因市场利率波动而带来的风险。但是，如果老王一直持有到期，依然可以赚钱，并且获利100元。从老王这个案例中，我们可以看出债券价格（纯债券基金的净资产价值）和市场利率呈“反向关系”，见图4－4－1。

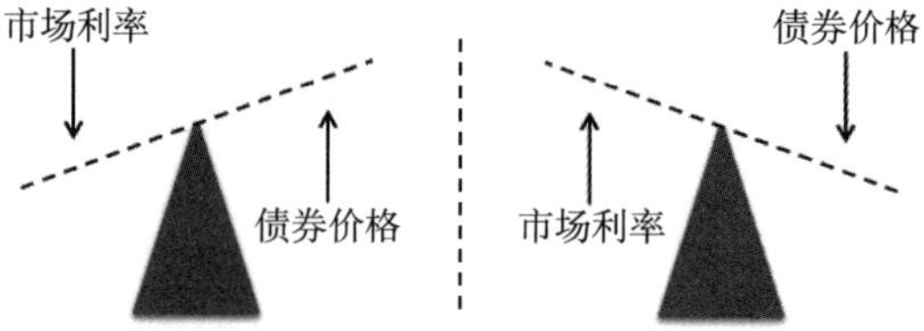

图4－4－1　市场利率和债券价格之间的关系

债券是一种法定的契约，大多数债券的票面利率是固定不变的（浮动利率债券与保值债券例外）。当市场利率上升时，债券价格（纯债券基金的净资产价值）下跌，会降低投资纯债券基金的收益率。当市场利率下降时，债券价格（纯债券基金的净资产价值）上升，会提高投资纯债券基金的收益率。所以，投资纯债券基金的投资者如果懂择时，例如在市场利率见顶后开始下跌，并且形成了下跌趋势时，持有纯债券基金，将获得更高的收益率。

纯债券基金的应用

值得我们高兴的是，纯债券基金投资时机和牛熊高度理论也是相当地吻合。根据牛熊高度理论，在牛市顶部阶段将大比例地卖出股票（或股票型基金），同时大比例地买进纯债券基金，此时投资者持有的纯债券基金资产最大，恰巧此时债券正在下跌的末端，正在挖“黄金坑”即将反弹，并走向债券牛市。

在经济复苏过程中，股市正式进入牛市。当经济出现过热（伴随着高通货膨胀），央行将提高市场利率来对抗通货膨胀，同时给过热的经济降温，但股市仍然在做多情绪的带领下继续走牛，进入牛市的最后阶段。之后央行将继续提高市场利率，经济由繁荣进入危机期，为了应对危机，国家还在不断收紧流动性，社会各行业平均利润率也开始下降，经济滞胀，股市和债市同时下跌。此时股债两市下跌的意思完全不一样，股市因下跌导致技术破位从而确认了牛市顶部形成，而债市却是相反的，是在完成最后一次下跌，是在创造“黄金坑”，是投资者布局债券的较佳时机。

但是从更严格或更准确的角度来说，牛市顶部分为左侧顶部和右侧顶部。稳赚的投资者如果应用牛熊高度理论，在牛熊高度比较高的位置开始减仓一批股票（或股票基金）的仓位，这种操作也叫“左侧交易”。此时股市还在冲顶阶段，债市还在下跌趋势中，稳赚的投资者应该把股市中减仓出来的资金配置到波动比债券更小的固定收益类品种，比如货币市场基金。等牛市的右侧顶部形成之后，债券市场开始完成“黄金坑”，稳赚的投资者可以继续减仓股票（或股票型基金），再把减仓出来的现金和固定收益类品种转换成纯债券基金。

当经济由危机进入萧条期，国家开始逐步放松货币，但社会各行业平均利润率仍然在下滑，贷款需求下降，大量宽松出来的银行资金首先进入债市。经过漫长下跌，债市的收益率在历史高位，具有投资价值。当大部分人都知道股市熊市来了，资金开始从股市向债市转移，导致债市继续走牛。在市场利率下跌趋势中，债券牛市走势将更加坚定。

4.4.2 货币市场基金的投资

什么是货币基金

货币基金是聚集社会闲散资金，由基金管理人运作，基金托管人保管资金的一种开放式基金。货币基金资产主要投资于安全性极高的短期货币工具，如国债、央行票据、商业票据、银行定期存单、政府短期债券、信用等级较高的企业债券和同业存款等短期有价证券。货币基金投资的范围都是一些高安全系数和稳定收益的品种，对于很多希望回避证券市场风险的企业和个人来说，货币市场基金是一个天然的避风港，在通常情况下能获得高于银行存款利息的收益。

货币基金的来源

20 世纪 70 年代初到 80 年代，美国处在经济衰退而通胀较高的“滞胀”环境中。当时美联储对银行存款利率进行管制，居民存款利率低于通货膨胀率，存款一直处于贬值状态。银行为了吸引资金，推出了利率高于通胀率的大额定期存单。然而这种定期存单起存金额较大，往往是以十万或百万美元为最低投资单位，只有少数机构投资者才有足够的现金去做这样的投资。

对大多数美国人来说，当时可以参与的金融投资品，只有利息低得可怜的银行储蓄账户、股票和债券。在时世艰难时，人们很自然地寻找安全性好、流动性强的资产投资，但很多金融资产品种要么风险太大、缺乏流动性，要么收益太低，总之无法满足投资者的金融投资需求。

当时，曾是世界上最大养老基金“教师年金保险公司”现金管理部的主管兼信用分析师鲁斯·班特在对金融服务业作了周详的调查之后，产生了一个天才的想法：他在 1970 年创立了一个命名为“储蓄基金公司”的共同基金，并于 1971 年获得美国证券与交易委员会的认可，开始对公众销售金融产品。

1972 年 10 月，储蓄基金公司购买了 30 万美元的高利率定期储蓄，同时以 1000 美元为投资单位出售给小额投资者。就这样，小额投资者享有了大企业才能获得的投资回报率，同时拥有了更高的现金流动性，历史上第一个货币市场共同基金诞生了。

货币基金的特征

①本金安全。货币基金的销售合约一般不会约定保证本金的安全，但在事实上，由于基金的性质决定了货币基金在现实中极少发生本金的亏损，一般来说货币基金被看作现金等价物。

②资金流动性强。流动性可与活期存款媲美。基金买卖方便，资金到账时间短，流动性很高，一般基金赎回一两天资金就可以到账。目前已有基金公司开通货币基金即时赎回业务，当日可到账。

③收益率较高。多数货币市场基金一般具有国债投资的收益水平。货币市场基金除了可以投资一般机构可以投资的交易所回购等投资工具外，还可以进入银行间债券及回购市场、中央银行票据市场进行投资，其年净收益率一般可和一年定期存款利率相比，高于同期银行储蓄的收益水平。不仅如此，货币市场基金还可以避免隐性损失。当出现通货膨胀时，实际利率可能很低甚至为负值，货币市场基金可以及时把握利率变化及通胀趋势，获取稳定的较高收益。

④投资成本低。买卖货币市场基金一般都免收手续费，认购费、申购费、赎回费都为0，资金进出非常方便，既降低了投资成本，又保证了流动性。首次认购/申购1000元，再次购买以百元为单位递增。

⑤分红免税。多数货币市场基金面值永远保持1元，收益天天计算，每日都有利息收入，投资者享受的是复利，而银行存款只是单利。每月的分红结转为基金份额，分红免收所得税。

另外，一般货币市场基金还可以与该基金管理公司旗下的其他开放式基金进行转换，高效灵活、成本低。股市好的时候可以转成股票型基金，债市好的时候可以转成债券型基金，当股市、债市都没有很好机会的时候，货币市场基金则是资金良好的避风港，投资者可以及时把握股市、债市和货币市场的各种机会。

场内和场外货币基金的区别

股票基金和债券基金分场内和场外，同样地，货币基金也分场内货币基金和场外货币基金。场内货币基金一般是指可以在二级市场上流通的货币基金，投资者可以使用 A 股交易所账户像买卖股票那样进行申赎或买卖。

场内货币基金不但继承了传统货币基金现金管理工具的收益性优势，与场外货币基金相比最大的特点就是高效的 T+0 资金使用效率。所谓 T+0，就是当天就可以交易或者转换成其他交易品种。即当股票账户中有闲置资金时，可以配置场内货币基金提高账户总收益，而一旦股票以及其他投资品种出现交易机会时，能够随时参与交易，不错失时机。对场外货币基金而言，如果投资者今天卖出股票，则第二天资金才到账，这时将资金转出股票账户申购场外货币基金，那么申购需要第二天得到确认，并开始计算收益。而对于场内货币基金，投资者当天卖出股票，即可以申购或买入基金份额，并且当天就开始计算收益。

场内货币基金的编码以“511”和“519”开头，比如 511880 等，在股票交易软件上可以查到更多场内货币基金。场内货币基金可以像股票一样在场内交易，计算利息的规则是：“算头不算尾”，当天买入，当天享受收益；当天卖出，当天不享受收益。场内货币基金的交易规则是：当天买入，当天可以卖出；当天卖出，资金当天可用；跟股票一样，当天卖出股票的资金第二天可取现金。

场内货币基金通过股票账户交易，那么场外货币基金在哪里买卖呢？场内货币基金和场外货币基金是以交易渠道不同而划分，场内购买基金是在证券公司开户后，通过证券公司交易软件进行交易；而场外购买基金是通过银行柜台、网银、基金公司网站或者基金代理销售中介等渠道交易。

货币基金投资技巧

在同一个交易渠道中，怎样挑选货币基金呢？我们做一个简单的统计：将运作满一年最好的货币基金和最差的货币基金做个比较，年化收益率最好的和最差的大概就是1%左右的差距。资金量不大的情况下，如果持有的时间也不长，其实它们之间的总收益差距并不大。如果我们资金量大或者长时间持有，一定要去挑选货币基金。

一看规模。不同规模的基金优劣势不同，如果规模较小，在货币市场利率下降的环境下，增量资金的持续进入将会迅速摊薄货币基金的投资收益，而规模大的基金则不至于有这样的担忧。在货币市场利率上升的环境中，规模较小的基金则船小好转向，基金收益率会迅速上涨。综合各种因素，投资者应该选择规模适中、操作能力强的货币基金。

二看新旧。货币市场基金越老越吃香，老基金一般运作较为成熟，具有一定的投资经验，持有的高收益率品种较多。选择一只成立时间长、业绩相对稳定的货币基金是较为明智的选择。

三看A、B。货币基金根据投资门槛又分为A级基金和B级基金，一般A级基金的起投金额为100元，B级的起投金额在百万元以上。从收益上看，B级收益要高于A级一些，不过门槛太高，普通投资者还是适合选择A级基金。

4.4.3 稳赚不赔的可转债

对很多聪明的投资者来说，短期既想获得股票的收益，又不愿意承担股票的风险。就是说，投资者希望，当股市上涨时资金已经投资在股市中，获得股市上涨带来的收益；当股市下跌时，资金投资在债市中，获得债券带来的收益，同时避免股市下跌带来的风险。这么好的事情真的能实现吗？还真的有这么好的事情！这个稳赚不赔的投资品种叫作可转换债券，适合风险厌恶型投资者。

相比于股票和债券，可转债是一类比较小众的投资品种，主要是因为它的市场规模不大，资金容量非常有限。但是，随着 2017 年证监会政策的调整，上市公司股权再融资从定增逐渐转向发行可转债，可转债的规模正在大幅扩大。2017 年和 2018 年可转债发行数量分别为 40 只和 67 只，发行规模分别为 946 亿元和 787 亿元。截至 2019 年 7 月 5 日，2019 年已发可转债为 62 只，合计规模为 1547.76 亿元，创历年新高。可转债市场呈现快速扩张趋势。

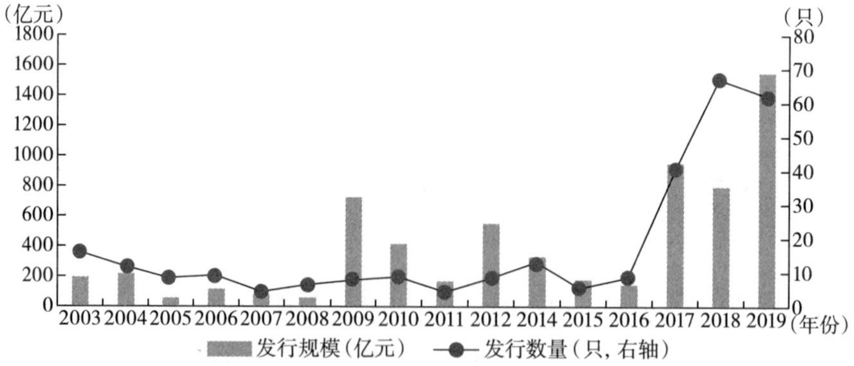

图 4-4-2 2003—2019 年可转债发行数量和规模（截至 2019 年 7 月 5 日）

注：2013 年数据未统计。

可转债潜在盈利能力不容小视，同时其安全性更具优势。“股神”

巴菲特也多次投资可转债，如1989年他购买吉利转债，16年间总回报率超过了700%；2008年他购买高盛转债，持有2年半时间总回报率超过74%。

什么是可转换债券

可转换债券简称可转债，是债券持有人可按照发行时约定的价格将债券转换成公司普通股票的债券。债券持有人可以选择继续持有债券，直到偿还期满时收取本金和利息，或者在流通市场出售变现。如果持有人看好发债公司股票增值潜力，在进入转股期之后可以行使转换权，按照预定转股价将债券转换成为股票，发债公司不得拒绝。该债券利率一般低于普通公司的债券利率，企业发行可转换债券可以降低筹资成本。

举个例子，一张面值为100元的可转债，投资者拥有按发行时约定的20元/股的价格转成正股的权利。如果投资者执行这个权利，一张可转债就可以转成5股正股。当正股股价低于20元，假设跌到15元，投资者就不会去转换，因为转换就等于投资者以20元/股的价格买入正股，结果正股股价现在只有15元/股，每股要亏损5元。只有当股价高于20元，才有转换的价值。如果股价一直未涨过20元，可转债就是个定期固收的债券，体现债性，但投资者依然保留着未来股票涨时的转股权。如果正股股价之后涨过20元，假设涨到25元，可转债价值也会涨到125元。此时可转债价值随股价一起飙涨，又体现股性。有时候我们不用去转股，直接卖掉可转债就可以获得收益。

可转债的基本要素

可转换债券的基本要素包括标的股票、票面利率、转换期限、转换价格、转换比例、赎回条款、回售条款等。

标的股票：一般是发行公司自己的普通股股票。

票面利率：指可转换债券作为债券的票面年利率，它一般低于同条件的普通债券的票面利率，因为可转换债券持有者有特殊的选择权。可转换债券应半年或1年付息1次，到期后5个工作日内应偿还未转股债券的本金及最后期利息。

转换期限：指可转换债券可转换成股票的起始日至结束日的期间。我国《上市公司证券发行管理办法》规定，可转换债券的期限最短为1年，最长为6年，自发行结束之日起6个月后才能转换为公司股票。

转换价格：指可转换债券转换成股票所支付的价格。用公式表示为

$$转换价格=\frac{可转换债券面值}{转换比例}$$

可转换债券的转换价格一般高于其发行时的股票市价。

转换比例：指每张可转换债券能够转换成的普通股股数。用公式表示为

$$转换比例=\frac{可转换债券面值}{转换价格}$$

例如，某可转换债券面值为500元，规定其转换价格为25元，则转换比例为20，即面值500元的可转换债券按25元/股的转换价格可以转换为20股普通股票。

赎回条款：指发行企业有权在约定的条件触发时，按照事先约定的价格赎回所发行的可转债的规定。一般在公司股票价格升至超过转换价格一定倍数时，公司为避免股本被过度稀释及支付可转换债券持有者过多的盈利而行使赎回权利。

回售条款：指可转债持有者有权在约定的条件触发时，按照事先约定的价格，将可转债卖回给发行企业的规定。一般在股票价格下跌超过转换价格一定幅度时生效。

投资可转债为什么能稳赚不赔

第一，投资者持有可转债到期可获得债券票面利率的收益，一般情况，可转债发行方会按事先约定，以超过 100 元价格买回可转债，而且每年发行方还要支付给投资者一定的利息。

第二，一般可转债发行方不愿意等到可转债到期并还钱给投资者，他希望投资者能够全部转股。大多数情况下，可转债价格涨过 130 元，投资者就会获得不错的收益，此时要把可转债转成正股，否则发行方会按事先约定，以票面价格 100 元强行赎回。

第三，可转债价格如果没有上涨，而是随着正股不断下跌，绝大多数发行方会根据下修条款调低转股价，目的就是让投资者转股有收益，促进投资者积极转股。这样发行方就不用还钱给投资者，投资者也会获得不错的收益。

可见，可转债具备了债券和股票两者的属性，具有“进可攻、退可守”的特性：股市下跌时有债底保护，股市上涨时也可以分享正股收益，绝大多数发行人的促转股意愿和能力比较强，对于投资者来说是很好的配置品种。“股神”巴菲特常常说：“第一，不要亏损；第二，永远记住第一点。”可转债刚好可以满足这种铁律。

可转债的债性

简单来说，可转债本质上是一种债券，与普通债券相比，多了一个将债券转成发行公司普通股票的看涨期权。看涨期权也是一个不错的投资工具，翁量也经常使用。比如在牛市末期，翁量会将部分股票转成期权，以小博大，同时又能降低风险，这里顺便简单介绍一下看涨期权赚钱的原理。

看涨期权是这样一种合约：它给合约持有者（买方）按照约定的价格从对手手中购买特定数量之特定交易标的物的权利。以个股期权为例，假设中国平安现在的股价是80元，翁量认为到本月的第四个星期三（到期日），中国平安的股价将会高于当前价格，于是翁量支付一点点的权利金（可以认为是一段时间的利息）买入行权价格为80元的看涨期权，到期日翁量就有权利从期权卖方以80元的价格买进一定数量的中国平安股票。如果到时候股票的市场价格为90元，那么翁量的利润就是90－80＝10元，再扣除期初期权买入成本，就是最终的利润。如果中国平安股票价格没有超过80元，翁量也可以放弃买入中国平安的权利。

正因为可转债多了一个期权，可转债发行方只给比较低的票面利率。比如陕西广电网络传媒（集团）股份有限公司发行的广电转债（110044），给的票面利率为：第一年0.40%、第二年0.60%、第三年1.00%、第四年1.50%、第五年1.80%、第六年2.00%。投资者可通过可转债的发行公告，查询到可转债的基本信息，一般包括如下内容，见表4－4－2。

表4－4－2　吉视传媒可转换债券的信息

正股代码	601929	正股简称	吉视传媒
正股股价（元）	2.09	转股溢价率	51.89%
转股股价（元）	2.95	转股价值（元）	70.85
质押券代码	—	折合标准券（元）	—
上市日期	2018－1－15	摘牌日期	—
最新债券评级	AA＋	交易市场	上交所
评级机构	中诚信证券评估有限公司		
发行价格（元）	100	最新票面（元）	100
票面利率（当期）	1.00%	利率类型	累进利率
息票品种	附息	付息频率	每年付息1次
下一付息日	2020－12－27	距下一付息日	281天

续表

利率说明		第一年为 0.3%，第二年为 0.5%，第三年为 1.0%，第四年为 1.3%，第五年为 1.5%，第六年为 1.8%	
剩余期限	3.8 年	期限	6 年
起息日期	2017-12-27	到期日期	2023-12-27
缴款日期	2017-12-27	下一行权日	2020-3-23
债券全称		吉视传媒股份有限公司公开发行可转换公司债券	
发行人		吉视传媒股份有限公司	

既然可转债也是一种债券，如果可转债的正股长期下跌，大幅低于转股价，市场对转股获利没有信心，可转债的股性就会被大幅削弱，而债性反而被增强。因为可转债的票面利率较低，低于市场利率，就会导致可转债价格大幅下跌。但是投资者要是能持有可转债到期，就能获得正收益。

假设一位投资者以跌破面值的价格 90 元购买面值 100 元的可转债，买入之后该可转债的正股出现大幅下跌，可转债价格也会跟随着大幅下跌，跌到一定程度就体现债性，开始抗跌。但此时投资者账户就会出现较大浮亏，如果这位投资者继续持有该可转债，直到该可转债到期，发行方不仅每年要支付给投资者利息，而且还会以约定的超过 100 元价格买回可转债。

所以投资可转债运气最差的时候就是赚到可转债的债券收益，当然这个收益率比较低，目前发行的可转换债券的票面利率多在 1% 上下，只具有象征意义。从实践中看，目前的规定是可转换债券的利率不超过一年期银行存款利率，而一般债券的年利率要高于银行同期存款利率 40% 左右。

总之，投资者持有可转债直到到期，投资不仅不会损失，还会赚些利息。但是从短期来看，可转债的价格与正股是同向涨跌，当情况极度糟糕时，特别是大熊市末期，人们对股市极度悲观，可转债的股性几乎完全消失，就变成了类似纯债券，投资者可以根据贴现现金流估值法来估算当下可转债的价值。这时的可转债的估值就成为它的短期保底价，一般情况下很难跌破可转债的纯债估值。为什么这种估值翁量称它为短期保底价，因为纯债券的价格和市场利率成反向，当市场利率上升，可转债价格会下跌，从历史数据看，很少会跌破80元。当市场利率下降，可转债价格就会上升。

可转债的股性

投资者在转股期到来后，可以行使转换权，按照预定转股价将债券转换成股票，发债公司不得拒绝。如果正股股价涨过转股价之后，可转债价值随股价一起飙涨，就体现股性。

在熊市或振荡市场中，正股长期低于转股价，绝大多数发行方会根据下修条款调低转股价，目的就是让投资者转股有收益，促进投资者积极转股；在牛市中，正股价格很容易超过转股价，可转债价格很快会涨过130元，投资者可以转换成股票，然后在市场上以正股价格卖出，获得可观的收益。发行方要强制赎回就要根据事先约定的条件：如果长时间，比如30天内有15天，或者连续20天，可转债的正股价格达到了约定转股价的130%以上，就要强制赎回（赎回价往往较低，具体以上市公司公告为准）。但是在牛市中，这30天时间内股价往往会继续大涨，甚至翻倍，这就是所谓的可转债在牛市涨幅不封顶。我们来看《可转债投资魔法书》这本书中作者给出的数据：

表4-4-3　2007年牛市高峰期间可转债交易情况

转债名称	退市价（元）	最高价（元）	发行日期	赎回/转股日期	交易年
邯钢转债	182	203.99	2003-11-26	2007-03-02	3.26
营港转债	176.98	186	2004-05-19	2007-03-26	2.85

续表

转债名称	退市价（元）	最高价（元）	发行日期	赎回/转股日期	交易年
水运转债	205.1	218	2002-08-12	2007-03-29	4.63
华发转债	285	299	2006-07-27	2007-04-03	0.68
柳化转债	176	176.67	2006-07-28	2007-04-03	0.68
首钢转债	215	205	2003-12-15	2007-04-06	3.31
国电转债	211.88	218.98	2003-07-18	2007-04-23	3.76
晨鸣转债	204.05	220	2004-09-15	2007-05-14	2.66
招商转债	290.37	350	2006-08-30	2007-05-25	0.73
华电转债	299.98	299.99	2003-06-02	2007-05-29	3.99
华菱转债	231.61	279.44	2004-07-16	2007-05-31	2.87
西钢转债	158	222	2003-08-10	2007-06-11	3.84
天药转债	189.73	240	2006-10-25	2007-06-22	0.66
上电转债	226.58	277.99	2006-12-01	2007-08-15	0.7
创业转债	288.3	327.98	2004-06-30	2007-08-28	3.16
韶钢转债	272.22	349.99	2007-02-05	2007-10-09	0.67
凯诺转债	201.91	295	2006-08-15	2007-10-16	1.17

数据中最强悍的是招商转债，最高价350元，收益率250%；其次是韶钢转债，最高价349.99元，收益率249.99%；创业转债，最高价327.98元，收益率227.98%；华电转债，最高299.99元，收益率199.99%。只有两只可转债是在200元以下的，收益率分别是76.67%和86%。绝大多数在200元以上，也就是翻倍了。在250元以上的，占到一半。2007年的情况不是特例，在2014—2015年的牛市中，绝大多数可转债价格能达到150元以上，四成以上可转债价格能达到200元以上，一成以上可转债价格能达到300元以上。

我们拿可转债的股性和股票的股性对比。在熊市中，股票下跌幅度比较大，整个股市有底部，单只股票底部很难预测，有时候跌幅极深，超过90%，股票的短期风险巨大。而可转债有保底，可转债跌到100

元就是不亏的保底，可转债能跌破 100 元，特别是跌到只有纯债券的价格，此时就呈现“铁底”，是稳赚投资者绝佳的抄底机会。在振荡市和牛市中，股票上涨幅度也比较大，整个股市顶部很难预测，单只股票顶部同样很难预测，有时候能涨好几倍，爆发力极强。而可转债有两个气泡顶。第一个气泡顶是 130 元，可转债的正股价格达到了约定转股价的 130% 以上，并保持一段时间就要强制赎回，这段时间正股没有继续大涨，而是保持振荡，可转债强制赎回价一般也会略超过 130 元。第二个气泡顶是上涨时间，在强制赎回规定时间内，可转债价格跟随正股股价一起继续大涨、甚至翻倍。在牛市中，这两个气泡顶出现的概率较大，并且很容易被突破，所以翁量称它们为“气泡顶”。

投资可转债如果懂得选择时机，不仅持有可转债到期日能赚些利息，而且还能买在短期波动的底部。这里就要考虑可转债两个部分的估值，一部分是可转债自身的估值，也就是转股溢价率；另一部分是可转债对应的正股的估值，也就是股票市场的估值。现在我们有了牛熊高度指标，运用股票和股市的“点和体”的关系，当股市进入熊市大底部，可转债的正股大概率也在熊市大底部附近，可转债价格也下跌到保底价，这时就是稳赚的投资者投资可转债的绝佳时机。

翁量所说的可转债在股市大熊市中会失去股性，其实可转债本身还是具有股性的，只是这时可转债的股性小到极致，所以翁量称它失去股性，就像很多人有脾气，只是暂时不发脾气而已。

截至目前，中国可转债在历史上没有出现过违约事件，但是人们对违约的担心依然存在，所以我们有必要了解可转债发行的条件。根据《证券法》《上市公司证券发行管理办法》和《创业板上市公司证券发行管理暂行办法》，申请发行可转债的上市公司应当组织机构健全、运行良好，具备持续盈利能力，募投项目谨慎合理，募集资金数额及用途符合法定和约定条件，财务状况良好且满足一定指标，不存在严重违法违规或违约情形，净资产未达到相应指标的主板和中小板上市公司还应当提供担保。根据目前法规要求，对于主板、中小板和创业板的上市公司发行可转债的要求存在较大区别。总体来说，相对主板和中小板，创业板的盈利能力要求相对较低，但对资产负债率有强制性要求。

我们从表 4 -4 -4 可以看出，主板和中小板的可转债发行条件比创业板更加严格。可转债发行不是一件容易的事情，只有优秀的公司才有资格发行。

表 4 -4 -4　不同市场的上市公司发行可转债的要求

	主板、中小板	创业板
财务指标	三个会计年度连续盈利。扣除非经常性损益后的净利润与扣除前的净利润相比，以低者作为计算依据	两年盈利，净利润以扣除非经常性损益前后孰低者为计算依据
	三年以现金方式累计分配的利润不少于最近三年实现的年均可分配利润的 30%	两年按照上市公司章程的规定实施现金分红
	最近 24 个月内曾公开发行证券的，不存在发行当年营业利润比上年下降 50% 以上的情形	最近一期末资产负债率高于 45%
	三个会计年度加权平均净资产收益率平均不低于 6%。扣除非经常性损益后的净利润与扣除前的净利润相比，以低者作为加权平均净资产收益率的计算依据	—
	三个会计年度实现的平均可分配利润不少于公司债券一年的利息	三年平均可分配利润足以支付公司债券一年的利息

续表

	主板、中小板	创业板
规模限制	本次发行后累计公司债券余额不超过最近一期末资产额的 40%	累计债券余额不超过公司净资产的 40%
担保	公开发行可转换公司债券，应当提供担保，但最近一期末经审计的净资产不低于人民币 15 亿元的公司除外	—

资料来源：《上市公司证券发行管理办法》。

我们在选择可转债时，第一，要看公司的质量，比如市值不要太大（因为市值越小，弹性越大），题材越多越好（股价有更多机会被炒作涨高），公司业绩越稳越好，业绩增速越快越好，“护城河”越牢固越好。

第二，我们还要看转股价的估值的合理性，只要没有明显高估，未来股价就容易涨过转股价。

第三，历史股价弹性越强越好，说明未来有机会大涨。

第四，要看可转债的流动性，流行性好才能满足交易需求。

第五，要考虑公司的转股意愿与较强的促进转股的能力。大股东持股比例较高、话语权强，就会受其意愿影响。过去有个别公司不愿意下调转股价，而把钱还给投资者，结果投资者就只能赚到点利息。

第六，投资者要增加投资收益、降低投资风险，就要考虑分散投资、短线套利技巧和卖出技巧等，这些技巧也需要一定的专业知识。所以，对普通投资者来说，投资可转债基金比直接投资可转债更加简单。

4.4.4 可转债基金的投资

这几年，随着新发行基金数量和品种的日益丰富，可转债基金逐步受到国内投资者的关注。

什么是可转债基金

可转债基金的主要投资对象是可转换债券。境外的可转债基金主要投向还包括可转换优先股，因此也称为可转换基金。可转债基金和其他基金一样，都是由专业机构和基金经理来进行管理的。如果我们选择的可转债基金的基金经理能力比较强，就能省去我们投资过程中的很多烦恼。比如我们就不用每天去关注可转债是否发了强制赎回的公告，等等。

可转债基金在牛熊市中的表现

翁量把股票看成"点"，把股票型基金看成"线"，根据"点、线"的关系，现在把可转债看成"点"，可转债基金看成"线"。股票型基金和股票跟随整个股市一起进入牛市或熊市，同理，可转债和可转债基金也跟随整个可转债市场一起进入牛市或熊市。现在，我们有必要比较一下在牛市和熊市中的可转债市场涨跌幅度和股市的涨跌幅度之间的关系。

表 4-4-5　不同阶段上证综指和中证转债指数涨跌幅对比

	统计时间	上证综指涨跌幅（%）	中证转债指数涨跌幅（%）
阶段①	（股市走牛）2006. 12. 1—2007. 9. 30	164. 48	147. 92
阶段②	（熊市反弹）2008. 6. 5—2009. 8. 4	3. 01	66. 89
阶段③	（振荡下行）2010. 4. 7—2013. 7. 5	-36. 45	-4. 59
阶段④	（牛市回头）2014. 12. 15—2015. 2. 6	4. 69	11. 66
阶段⑤	（熊市回头）2015. 7. 8—2016. 2. 4	-25. 38	-7. 14

2006年12月1日—2007年9月30日的大牛市中，中证转债指数与上证综指涨幅接近；2008年6月5日—2009年8月4日的熊市末期下跌和大反弹中，上证综指几乎没有涨，而中证转债指数大涨66.89%；在2010年4月7日—2013年7月5日的超级大熊市中，上证综指暴跌36.45%，而中证转债指数显得非常抗跌，跌幅只有4.59%；2014年12月15日—2015年2月6日的牛市初期，上证综指依然横盘振荡，而中证转债指数则提早上涨；同样的大熊市2015年7月8日—2016年2月4日，上证综指暴跌25.38%，而中证转债指数只下跌了7.14%。中证转债指数基金和可转债一样，在股市牛市时，可转债基金的股性突出，会跟随股市上涨。在股市熊市时，可转债基金的债性突出，由于有纯债底的保护，其跌幅比整个股市少得多。

2019年上半年，股市见底回升，可转债基金可谓是迎来了上涨的浪潮。在上半年的“成绩单”中，一直以来比较低调的可转债基金表现突出，债基涨跌幅排名前20位都是可转债基金。银河证券数据显示，可转债基金上半年以11.88%的业绩大幅领先于其他类型债基，其中收益率超过10%的有36只，占比65%。

表4-4-6 2019年上半年不同债券基金的收益率（%）

债券基金	可转换债券基金	普通债券基金	纯债券基金	指数债券基金
收益率	11.88	4.33	1.88	1.82

我们来比较一下可转债基金与纯债券基金。纯债券基金持有的全部都是债券，所以纯债券基金只有债性；可转债基金持有的是可转换债券，所以可转债基金同时具有股性和债性。投资纯债券基金的方法在前面章节中介绍过，而投资具有股性的可转债基金的投资逻辑和具有股权性质的指数基金的投资逻辑是一致的。对风险厌恶的投资者来说，在熊市末期可以用可转债基金替代股票型基金进行资产配置；对投资风格激

进的投资者来说，在熊市末期可以把可转债基金作为增加杠杆的一个可选品种。

可转债基金的案例

目前市场上的可转债基金有几十只，其中兴全可转债混合（340001）时间成立最早，成立于2004年5月11日，该基金投资的标的物皆为具有良好流动性的金融产品，包括国内依法公开发行上市的可转债、股票、国债，以及法律法规允许基金投资的其他金融工具。该基金的投资理念是利用可转债的债券特性规避系统性风险和个股风险，追求投资组合的安全和稳定收益，并利用可转债的内含股票期权，在股市上涨中进一步提高基金的收益水平。图4－4－3是该基金的净值走势。

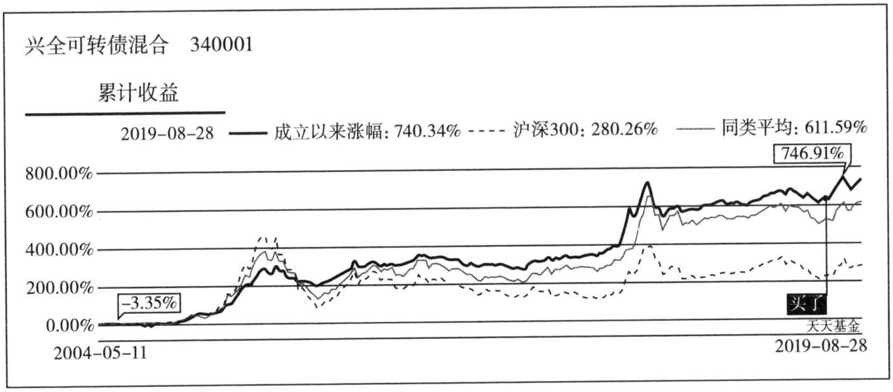

图4－4－3 兴全可转债混合的累计收益率

在图4－4－3中，粗黑线代表兴全可转债，虚线代表沪深300。可以看到，从2005年开始，两条线齐头并进。沪深300指数中银行股权重比较大，在2007年牛市冲顶过程中，银行股被公募基金抱团，涨幅巨大，超过大部分的股票，所以在2007年的牛市后期，兴全可转债混合走势暂时落后一些。但是在2008年金融危机暴跌中，兴全可转债混合相对于沪深300指数来说，跌幅明显较小，显示它的债性和抗跌性。同样的情况发生在后面的牛市和熊市中，特别是2010—2014年超长的熊市中，兴全可转债混合几乎没有下跌，而且还有小幅上涨，更体现可转债基金的防守能力。

从收益率角度分析，兴全可转债混合从成立至2019年8月30日，累计收益达到738%，而同期沪深300指数累计上涨只有279%，上证综指累计上涨只有163%。兴全可转债混合在15年间平均年化收益率达到15.38%，其收益率明显高于沪深300指数。

我们可以从数据中看出，兴全可转债混合除了在2008年和2011年这两年的回报是负的，其他年份都是正收益。2014年更是一年赚了52%，属于稳定收益型的可转债基金。虽然在牛市中可转债基金跑得比股票型基金慢一些，但在熊市中回撤很少，而股票型基金都会涨涨跌跌，回撤较大。可转债基金是一个长跑选手，其优势跟龟兔赛跑的乌龟一样，匀速前进，几乎不停。我们要铭记可转债基金的特点，才能充分利用它搭配其他品种做好资产配置。

可转债基金投资中的择时

凡是在牛市和熊市中具有不同表现的投资品种，就需要我们择时，去抓住牛市和熊市的规律。如果在股市牛市顶部时投资可转债基金，比如投资者在2007年的牛市顶部和2015年的牛市顶部买入兴全可转债混合，那么就会面临股市熊市带来一定程度的调整，虽然这种调整不深，但依然会给投资者带来困惑，至少多年无法实现正收益。所以聪明的投资者选择在熊市底部分批买入，才是最佳的入场方式。

值得高兴的是，可转债基金投资时机和牛熊高度理论也是相当地吻合。根据牛熊高度理论，可在熊市底部阶段分批买入可转债基金，在牛市顶部阶段分批卖出大部分的可转债基金。

在2018年11月，也就是牛熊高度见到0之后的振荡行情中，翁量带一些朋友一起抄底了兴全可转债混合，如图4－4－3中的抄底记录，还记在天天基金网的账户中（走势图中会显示“买了”痕迹）。我们抄底之后，兴全可转债混合开始慢慢上涨，短短4个月时间，涨幅就超过了15%。等牛熊高度达到一定程度，我们就会做些减仓，甚至换到其他可转债基金（当有更好的可转债基金出现时）。

5

势：善战者，求之于势，不责于人

5.1

跟踪行情的趋势

趋势跟踪是国内外比较流行的交易策略。当行情由多头主导时，其他投资者将追加多头筹码，新的多头也纷纷进场，多头行情就会继续，波段的最高点和最低点在不断抬高；相反地，当行情由空头主导时，后面进场的多头发生亏损，这使他们觉得受到惩罚，害怕行情会继续下跌，于是抛售筹码，空头行情就会继续，最高点和最低点都在不断降低。

根据交易周期的级别，趋势跟踪可以根据不同时间长度来分类，分别对应市场的短期和中长期的趋势行情。而对长期持有的价值投资者来说，跟踪基本趋势更有帮助，这样就能在牛市初期的多头市场上加仓指数基金，而在牛市末期空头市场形成前及时减仓指数基金。

何为基本趋势？翁量认为就是考虑股市基本面之后的趋势，股价从估值较低之后开始上涨形成的趋势，这种趋势也可以称为多头基本趋势；股价从较高估值之后开始下跌形成的趋势，这种趋势也可以称为空头基本趋势。

怎么理解多头基本趋势

第一个阶段是“进货”期。在这个阶段，一些聪明的投资者觉察到股市虽然是处于不景气的阶段，但整体估值比较低，甚至有些股权类投资品种的股息率高于银行存款利息，于是在极度悲观的气氛中分批进场，甚至加到满仓。比如 2018 年 10 月 19 日翁量在 2450 点满仓抄底时，就考虑了长周期的趋势线，如图 5－1－1 所示，行情刚好跌到趋势线上，此时加上行情对应的牛熊高度为 0，再考虑其他安全边际等多个因素共振，从而达成了这次完美的满仓抄底行为，获取了超额收益。

图 5－1－1　1990—2018 年上证指数的趋势

第二个阶段是上升期，指数保持稳定上升，交易量稳定增多。此时随着政府出台政策提高市场流动性，大部分上市公司盈余开始增加，市场开始回暖。在这个阶段，使用技术性分析的交易通常能够获得最大的利润。

第三个阶段是狂热期。股市暴涨的新闻经常出现在报纸的“第一版”，朋友间常谈论的是“你买了什么股票”，街头巷尾甚至公交地铁里都是讨论股票和低头看盘的人，此时股市已经进入全民炒股的狂热期，随着投机气氛的高涨，股市的成交量持续上升。此时“冷门股”交易逐渐频繁，“垃圾股”的股票价格也急速上升。

怎么理解空头基本趋势

第一阶段是“出货”期。它的形成起源于前一个牛市末期。在这个阶段，聪明的投资者觉察到股市的整体估值已经较高，开始加快出货的步伐。此时成交量仍然很高，但是在弹升时有逐渐减少的倾向。大众仍热衷于频繁交易，但是预期的获利已逐渐萎缩。

第二个阶段是恐慌时期，想要买进的人开始退缩，想要卖出的人则急着要清仓。股票的价格走势呈现几乎垂直向下，此时场内的成交量达到最大。在恐慌时期结束以后，通常会有一段相当长的次级反弹或者横向波动。这一阶段，绩差股先开始恐慌下跌。

第三阶段绩优股下跌。此时绩优股持续下跌，因为这些股票有业绩支撑，其持有者往往会坚持到最后。这些股票也会最后补跌，这也标志着空头市场到了最后阶段，空头市场就在坏消息频传的情况下结束了。

最后，做个总结。跟踪行情的趋势能够帮助我们买到更低的价格和卖到更高的价格。就熊市而言，当我们判断整体股市已被低估，但是当前行情还在下跌趋势时，可以延缓加仓的进度。图 5 -1 -2 是上证指数的走势图，从实线趋势线角度看，市场处于下跌趋势中，在“牛熊高度”没有到足够低的情况下，任何的重仓都是危险的操作。但是，当行情继续下跌到 2500 点下方后，就遇到了更大的上涨趋势线（图中虚线），如多头基本趋势中所阐述的那样，这时就可以开始建仓了。

而在牛市中，趋势投资则变成了最佳选择。在牛市中期，股票价格在价值投资者眼中都已被高估，很多价值投资者开始卖出股票。价值投资者不断地说：“价格太高了。”事实上，此时的市场刚涨到中途，后

图 5-1-2　2013—2018 年上证指数的大趋势和 2018 年的小趋势

期还会一直涨个不停，就好像趋势在和价值投资者作对一样。在此时，我们就可以利用牛熊高度延迟减仓，等趋势结束再卖出，卖的价格会更高。

对价值投资而言，引进趋势投资的方法，可以尽可能地买在相对的低点，泡沫膨胀时可以卖在相对的高点。对趋势投资而言，结合价值投资的做法，可以避免在高估区域的右侧买入，也可以避免在低估区域的右侧卖出，避免犯“抓住了小波段，忽略了大波段”的错误。将价值投资和趋势投资放在“牛熊高度”理论框架下量化应用，会使投资行为变得更加完美和可靠。

5.2

预测未来的走势

《漫步华尔街》的作者麦基尔在 1973 年记录过一个著名的猩猩扔飞镖的实验：把一只猩猩蒙上双眼后，让它向报纸的金融版掷飞镖，随机选投资组合，事后证明这个投资组合的盈利水平竟然和那些专家小心谨慎选出来的一样好。这个实验被很多人记住了，但后面一个实验却没有被记住。在多年之后，又有了另一场扔飞镖实验，这场比赛每 6 个月进行一次，一直持续了 14 年。最后，专业分析师们以平均 10.2% 的回报率胜过了平均回报率只有 3.5% 的扔飞镖的猩猩。

现在很多人也把预测大盘走势比喻成猩猩扔飞镖，认为大盘不可预测。但是，如果大盘不可预测，为什么还有很多人每天都在看，而且这类人所占比例还很高。有意思的是，2013 年诺贝尔经济学奖获得者中的两位：尤金·法玛（Eugene Fama）和罗伯特·席勒（Robert Shiller）对股市的可预测性还持有截然相反的观点。

尤金·法玛认为市场是无法预测的；罗伯特·席勒却两次成功预报了市场的崩溃。2000 年席勒在其著作《非理性繁荣》一书中，预言美股市场的投资泡沫即将破灭。果然，美国股市应声暴跌，几周之内跌幅超过 30%。2007 年 9 月，席勒撰文再次预言美国房地产市场泡沫即将破灭。果然，第二年美国就陷入了次贷危机风暴，金融市场崩盘，雷曼兄弟破产，全球经济遭遇剧烈地震。

在翁量看来，预测大盘就跟预测天气一样，需要一定的科学方法。传统的天气预报建立在半经验、半理论的基础上，具有模糊性，误差也比较大。但随着近代科学的发展，科学手段则为短期天气预报提供了很好的工具。例如，用多普勒雷达探测几百公里范围云层的情况，就可以知道雷雨云的结构，知道水滴、雨滴在哪里，还能知道云的运动方向。卫星云图给我们带来了许多信息，这些在过去都是做不到的。现在，3天之内的天气预报已经相当准确，许多人已经习惯了每天听天气预报，根据天气状况决定各种活动的安排，非常重要的活动甚至还要求气象部门给出定时、定量、定点的精确预报。

实战案例

2019年3月8日翁量就在多个地方公开预测大盘未来走势（微信公众号上也发过）。图5－2－1的走势是极度乐观的走势图，图5－2－2的走势是极度悲观的走势图，图5－2－3是行情后面的实际走势图。

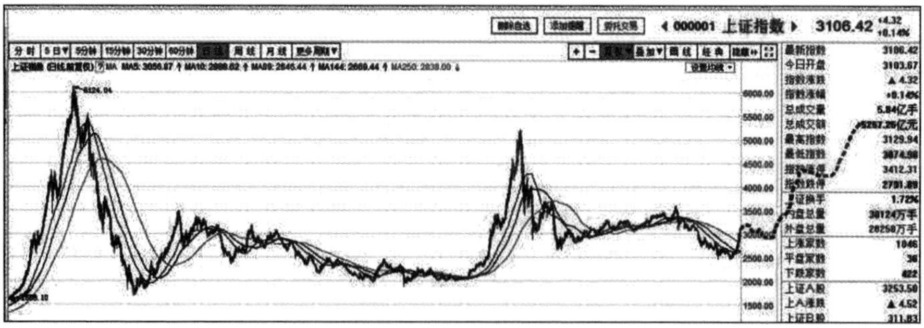

图5－2－1　预测未来走势图之后市轨迹（极度乐观）

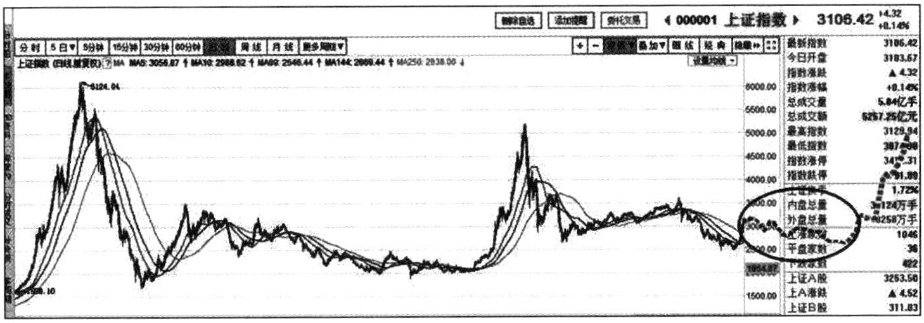

图 5－2－2　预测未来走势图之 2019 年轨迹（极度悲观）

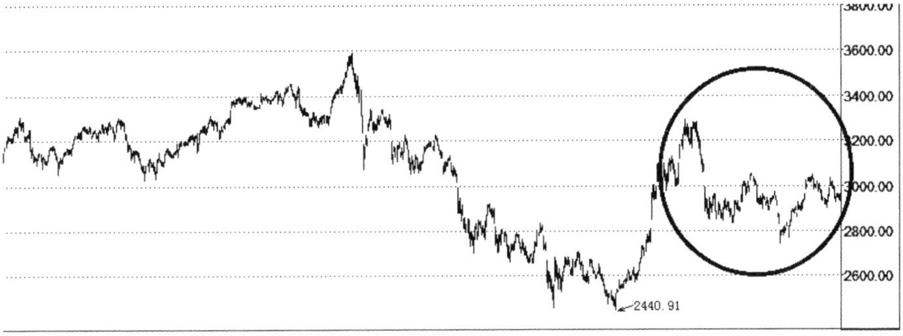

图 5－2－3　上证指数的 K 线

图 5－2－1 和图 5－2－2 的相似点都是预判 4 月行情冲高见顶，之后开始下跌。图 5－2－1 是 3 浪下跌，图 5－2－2 是 5 浪下跌，但这个下跌的 5 浪包括了前面图 5－2－1 的下跌 3 浪，只是图 5－2－2 多了第 4 浪反弹和第 5 浪下跌。从时间上看，在图 5－2－1 中从 2019 年第四季度开始转暖，在图 5－2－2 中行情要振荡到 2020 年。实际行情走势又如何呢？截至 2019 年 10 月 28 日，我们发现，4 月行情果然见顶，之后按预测中下跌，而且已经下跌和振荡整整半年时间。

翁量是如何判断 4 月行情冲高见顶的呢？用的主要是三个技术共振和两个心理学理论。

波段理论

在3月8日时大盘已经接近第3浪上涨的尾声，看第3浪的力度来判断第4浪下跌之后，还会有第5浪冲高，如图5-2-4所示：

图5-2-4　上证指数的5浪上涨图

为什么第5浪冲高之后会调整，这就需要简单了解一下波浪理论。美国证券分析家艾略特（R. N. Elliott）利用道琼斯工业平均指数作为研究工具，发现不断变化的股价结构性形态反映了自然和谐之美。根据这一发现他提出了一套相关的市场分析理论，认为市场走势不断重复一种模式，每一周期由5个上升浪和3个下跌浪组成。这个理论的前提是：股价随主趋势而行时，依五波的顺序波动，逆主趋势而行时，则依三波的顺序波动。所以翁量根据波浪理论判断4月行情第5浪见顶之后，至少有个3浪下跌。

趋势线

预判4月行情冲高见顶，其实也是考虑到趋势线的因素。如图5-

2－5 所示，3 月 8 日的深证成指已经涨到趋势线 A（下降趋势线）和趋势线 B（曾经的支撑线，此时变压力线），所以翁量判断 4 月冲高遇到这两条趋势线，行情将遇阻回落。

图 5－2－5　2015—2019 年深证成指的下降趋势（日线，前复权）

回顾这段时间的行情，深证成指刚好上涨到它的下降趋势线附近，之后结束前面的 5 浪上涨行情，开始见顶回落。

量价理论

量价理论是一种衡量股价的理论，最早见于美国股市分析家葛兰碧（Joseph E. Granville）所著的《股票市场指标》。葛兰碧认为成交量是股市的元气与动力，成交量的变动，直接体现了股市交易是否活跃，人气是否旺盛，而且体现市场运作过程中供给与需求间的动态实况，成交量的增加或萎缩都表现一定的股价趋势。研究表明：成交量的变动几乎总是先于股价的变动，成交量为股价的先行指标。在量价理论里，成交量与股价趋势的关系有 8 类，其中一类是：量涨价涨。股价创新高，但成交量如果没有创新高，则此时股价涨势较可疑，股价趋势中存在潜在的反转信号。

现在看这次行情的成交量。如图 5－2－6 所示，4 月行情上涨中的成交量 B 明显比 3 月成交量 A 低，这代表 4 月行情上涨的涨势较可疑，股价趋势中存在潜在的反转信号。由此，翁量在 4 月判断行情见顶的可能性极大，更加确定了 3 月 8 日的判断。

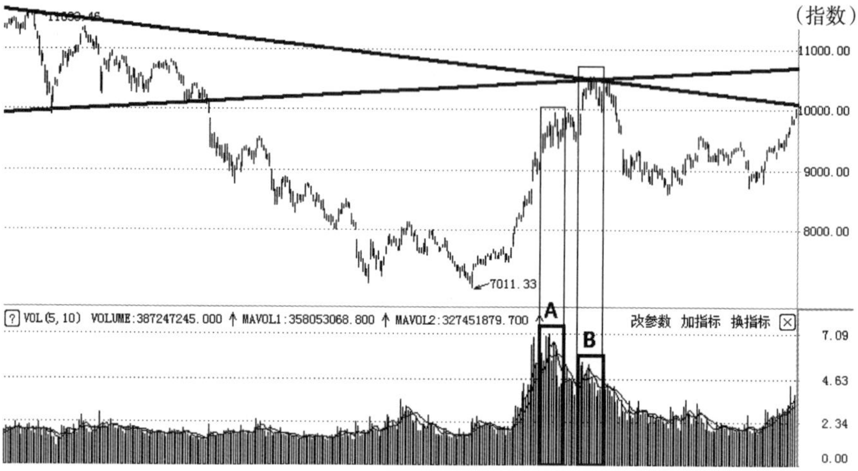

图 5－2－6　2019 年 3—4 月深证成指的成交量（日线，前复权）

庄家出货心理学

股票市场的定律是一盈两平七亏，散户如何才能站到盈利的人群中呢？翁量认为，机构为了赚散户的钱，不断在研究散户心理，散户不妨反过来，把自己当成机构投资者，也来研究一下机构的心理，这样才能在这个充满陷阱、欺诈、骗术和谣言的市场里立于不败之地。任何一个庄家进入股票市场都是以盈利为目的的，都要经过从低位买入廉价筹码，通过技术操盘把股价拉升抬高后，再在高位进行派发。

庄家要出货就要在高位进行派发，而且这个高位散户更喜欢买入，这个位置通常发生在第 5 浪。在 5 浪发展的过程中，各种利好消息频传，市场选择性地对各种利空消息“视而不见”，同时媒体不断推波助澜，每个投资者都觉得自己是“股神”，市场情绪极为乐观。与 5 浪相比，3 浪的乐观情绪是由悲观转化过来的，许多投资者在入场的同时，还有较强的患得患失心理；但 5 浪的乐观，则是在持续乐观的背景下，经历了 4 浪的怀疑然后又确认的过程。此时，市场信心达到高峰，许多投资者抱着坚定不移的“投资信念”入场，令市场进入一种非理性的狂热状态。

在 5 浪中，市场投机气氛极为炽热，传媒开始大肆宣扬市场的赚钱效应，大量还没有入场的散户在这种财富效应的驱使下，纷纷入场。这些散户最大的特点是极易受传媒影响，买涨不买跌。因此，其入场区域一般分布在 5 浪中期。所以，翁量由此判断，第 3 浪行情之后会有第 4 浪回调和第 5 浪冲高，于是 3 月 8 日就大胆画出 4 月行情冲高见顶的走势。

筹码心理学

筹码理论是专门用于分析、研判目标股票内部仓位结构分布的特色指标。投资者可以通过该指标，清晰地发现目标股票在各个价格阶段、各个时间阶段的筹码沉淀状态，以及市场的综合平均成本等。投资者可依据此项信息，结合相关的交易技术，做出正确的投资决策。如果一只股票在高价格区沉淀的筹码越多，则套牢盘越多。

从图 5－2－7 中，很明显看到 2017 年下半年和 2018 年初的高位，时间跨度有 7 个月之久，这里追高进场的筹码在 2018 年下跌中全部被套。被套的投资者无论在 2018 年底下跌中是否加仓，他们的意愿就是等股票解套后减仓，导致 2019 年 4 月这个位置就会面临着重要的抛压。

图 5－2－7　2017—2019 年深证成指的压力位

卖股票的人比买股票的人多，行情要突破这个位置，难度就变得特别大。如果你是庄家，你会怎么想？庄家一般会想，如果未来行情要下跌，不如比套牢的散户早点出货。如果行情要上涨，不如借这个机会下跌把套牢的散户给吓出来，特别是那些借钱买股票的散户，他们的资金是有成本的，时间上拖不了很久。于是未来行情是否要上涨，这个位置庄家会选择让行情先下跌。所以翁量从筹码心理学角度，又增加 3 月 8 日判断 4 月冲高见顶的信心。

总之，翁量从以上 5 点来预测未来的走势，之后于 4 月 8 日在微信公众号上发出标题为《大逆向，收割一些利润》的文章，在行情下跌后又慢慢加仓回来。由此可见，预测可以帮助我们做好波段，至少能让我们避免在不该加仓的时候加仓，避免在不该减仓的时候减仓。预测也可以帮助我们做好定投，在波段的高位减少定投资金量或者暂停定投，在波段的低位增加定投量或者加期定投。最后能让投资成本更低、收益更高，提高投资的收益和风险比值。

现在回到最初的问题，大盘可以预测吗？翁量认为有时候可以预测，有时候不能预测。当影响股市的各种大事件比较多的时候会不好预测，当股市中没有重大事件并且行情比较有规律，那就可以预测。即使可以预测也要看预测的准确率有多高，在“牛熊高度”理论中，预测只是个用来参考的辅助方法。对预测的对和错，都要预先想好应对的方案。

5.3

预测板块的强势

板块的轮动

网上流传这么一个股市“四季歌”：“冬炒煤来夏炒电，五一十一旅游见，逢年过节有烟酒，两会环保新能源；航空造纸人民币，通胀保值就买地，战争黄金和军工，加息银行最受益；地震灾害炒水泥，工程机械亦可取，市场商品热追捧，上下游厂寻踪迹；年报季报细分析，其中自有颜如玉。”

这个“四季歌”比较形象地描述了过去 A 股市场各板块轮动的规律。当轮到某个板块的时候，不管大盘涨跌，该板块均能跑赢市场。板块上涨时超过大盘的上涨幅度，而大盘下跌时，板块小于大盘下跌幅度，我们称它为“强势板块”。

板块的轮动常常会受新的社会现象、新的国家政策、板块新题材以及主力对市场的预测和对政策的解读等影响。如 2008 年 4 万亿投资的重大国家政策，带动基建、通信等板块活跃。行业的重大政策或者明显复苏也会造成板块的活跃，如产业振兴规划或者行业拐点的确立。

虽然对普通投资者来说，过短的板块轮动有时候比较难抓，但是有些板块比较有规律，随着我们能力圈不断地扩大，我们可以守正出奇，抓住一些板块轮动，特别是那些中长期的板块轮动，以此增加超额收益。

翁量历经牛熊市无数个，经常在总结和思考这些问题：在牛市中什么类型的指数基金先涨，什么类型的指数基金后涨；在熊市中什么类型的指数基金先跌，什么类型的指数基金后跌。

在牛市初期，绩优股基金、周期性股票基金和中小盘股基金会先涨。在大涨行情结束后的下跌初期或熊市的初期，业绩差的指数基金会先跌，最后跌的也是绩优股基金。

聪明的投资者应该在牛市和熊市的不同阶段选择不同的指数基金。比如在中长期以振荡为主的行情中，应该多配置绩优股基金；在中长期以上涨为主的行情中，应该多配置证券公司指数基金。

实盘案例

在2019年4月8日，翁量做出了减仓操作，5—6月行情下跌后，翁量杀了个回马枪加仓回来。不仅将4月减仓的消费基金全部加回来，还把其他的投资品种也调整到消费基金上。在做这些调仓之前，翁量于4月23日在微信公众号上发表文章《大分化，未来牛市熊市同步，你会怎么选》，节选如下（文字有调整）：

今日（4月23日）上证指数失守3200点，在热点板块回调之下，北向资金的动态也更为市场所关注。

北向资金在年初A股的快速上涨中“功不可没”，仅1、2月合计净流入就超过千亿元，但在3月这一净流入速度就已迅速放缓，在4月更是出现净流出。

今日，北向资金净流出近60亿元。4月以来，北向资金净流出额已超过百亿元。

向来被称为“聪明资金”的北向资金出现较大幅度净流出意味着什么？是否意味着他们不再看好A股了？其实也不是不看好A股。昨晚翁量在文章中已分析，聪明的资金都在做资产配置。风险低的时候仓位大，风险大的时候仓位小，风险越来越高，仓位越来越小。

翁量在2450点牛熊高度为0的时候，满仓抄底，也通过微信公众号通知大家，现在已经获得满意的收益，近期总体已经减仓剩下75%仓位。我们要做最稳健的投资者，最聪明的投资者。

在理性的情况下，我们不用担心未来的行情是否继续牛市，只要把仓位控制好，行情涨跌都不怕，大涨大跌只会给我们带来波段差价的利润。

但是，有一件事情与仓位管理一样重要，就是持有的品种是否能跑赢行情。

这件事情不早重视将会后悔。我们来看2016—2017年这2年的行情，消费指数基金（159928）从净值1.151涨到净值2.650，涨幅为130%；而创业板指数基金（159915）从净值1.733跌到净值1.720，跌幅为0.75%；中证500几乎没有上涨。

为什么同样的2年行情，有的翻倍，有的不涨反跌。仅仅是因为估值的问题吗？其实，最主要还是业绩的问题。消费指数基金进入了“戴维斯双击”模式，而创业板指数基金则进入了“戴维斯双杀”模式。

不少经济研究人员预测中国未来10年的GDP增速，平均值大概为5%~6%。根据发达国家的经济发展规律，经济越发达，GDP增长速度就会越慢，加上中国正在进入老年化社会，未来的GDP不可能回到过去那么高的增长。如果未来GDP增速只有5%~6%，那就意味着有一大批上市公司净资产收益率会继续下滑，低于5%，引发“戴维斯双杀”。

综上所述，接下来的行情会开始分化，有的继续保持牛市，有的再次进入熊市。未来同样持仓2年，有的会赚，有的会亏，就看你怎么选投资品种。

目前业绩最好的就是消费行业，也许你认为消费基金现在已经涨太多，但是在未来，消费基金只会越涨越高。

去年很多“大V”把消费基金“判刑”为极度高估品种，但结果大家看到了，今年它涨势最猛。消费基金（159928）从净值1.616涨到净值2.858，涨幅为76.9%。

消费基金的业绩好到什么程度？我们就拿基金第一重仓股贵州茅台来说，净资产收益率能达到35%，假设这速度还能保持几年，就算估值不变，股价2年时间也能涨80%左右，3年时间能涨140%左右，4年能涨230%左右。

翁量除了重点持有消费基金之外，股票持仓也有贵州茅台。最近贵州茅台连续逆势上涨，今天市场下跌，它依然上涨，涨幅为2.71%。

占消费基金30%左右的成分股是贵州茅台等白酒的股票，剩下的成分股也是业绩不错的绩优股。……其实，当时就是因为白酒行业的利润，翁量选择了消费基金。

但为什么翁量不直接买白酒行业的基金呢？因为消费基金的其他成分股也是绩优股，持有消费基金的风险比直接持有白酒行业基金来得低，而且低很多。从收益/风险的比值来看，消费基金最值得投资。

未来行情，一个向左，一个向右，一个牛市，一个熊市，一个赚钱，一个亏钱，你会怎么选择呢？选好品种以后，你又如何管理你的投资，方法不对，再好的品种也赚不了钱。

这就是实战案例，决策过程描述得清清楚楚。截至2019年10月底，上证指数下跌了11%，中证500指数下跌了17%，而消费指数基金（159928）上涨了10%，总体跑赢上证指数21%，跑赢中证500指数27%。

在该实战案例中，翁量在5—6月时根据上一节“预测未来的走势”中图5-2-1和图5-2-2，判断行情至少会有3个下跌浪，从而调整指数基金组合。因为振荡行情应该多配置绩优股基金，此时市场更注重上市公司的业绩。

无论未来行情是极度乐观的走势，还是极度悲观的走势，最后都会进行一拨大幅上涨（或结构性牛市）。所以在行情走完3个下跌浪之后，也就是2020年2月3日，翁量买入在上涨行情中容易被炒作的科技龙头ETF（熊市重质，牛市重势），并及时在微信公众号上写下文章《跌停板上，物竞天择！（加仓了哪些基金）》。

图5-3-1　2019—2020年科技龙头ETF的走势

在之后短短16个交易日，科技龙头ETF上涨了31.5%。在短线回落反弹之时，翁量获利27%，又开始大幅减仓科技龙头ETF，换成消费基金，再次在微信公众号上发表文章《预测强势板块的重要性（高位减仓科技 ETF 换消费基金）》（3 月 5 日）。在文章中翁量还写道：剩下科技龙头 ETF 的仓位用来做网格化交易。在未来上涨行情结束之后，翁量还会把科技龙头 ETF 换成绩优股基金。

凡战者，以正合，以奇胜。“正”是正道，“奇”出人意料，突破常规思维、出奇制胜。预测板块轮动赚取的超额收益，就是守正出奇的“奇”。但是翁量不以板块轮动为主，投机板块轮动的仓位占比不大。在熊市中，翁量用 100% 的仓位去想“正”的事情；在牛市中，翁量用 70% ~80% 的仓位去想“正”的事情，用 20% ~30% 的仓位去参与变通。既墨守成规，又有所创新，只有如此，方能在投资中取得超越大部分投资者的业绩。

5.4

判断政策的来势

世界上任何国家证券市场的发展都离不开政府的规范、引导和推动，而中国股市由于是在“计划经济”导向的特殊背景和制度下产生的，所以自成立以来它的涨跌一直为政策所左右，故又被人们形象地称为“政策市”。

作为股市淘金者，学会分析和把握政策特点、政策效应及其演变趋势，有利于增强对股市动态的推演、把握关键节点，有利于在关键的时候做出方向正确的投资决策。特别是对于普通投资者来说，在熊市底部区域，是应该按平时节奏定投，还是加快定投频率，抑或提高定投金额？指数基金的仓位是要马上加仓，还是分批加仓？要看熊市底部的“三底共振”情况。

所谓的“三底”就是牛熊高度之底、政策底、市场底。它们分别代表什么呢？这“三底”又是在什么情况下产生的呢？

牛熊高度之底指的是我们创建的牛熊高度指标，股市已经跌到牛熊高度比较低的位置，甚至跌到牛熊高度为 0 的位置，比如 2018 年 10 月 19 日，牛熊高度就到 0，也是翁量发起满仓抄底的位置。

政策底指的是国家在股市低迷时期，出台各项利好政策，导致股市因此回暖，从而形成了暂时性底部区域。大多数情况下，国家出台的政策不一定是专门针对股市的，既有可能是为了推动经济发展，也有可能是为了引导社会资源分配。事实上，政策底一般不是真正的底部。

市场底指的是股市真正的底部。股市暴跌一段时间之后，政府会为了救市，继而推出各项政策。这些政策也许会挽回一下股市的颓势，但是效果一般都比较短暂。股市在受政策影响反弹后会继续下跌，直到跌到成交量非常低迷、股价跌无可跌为止。这时候市场底就差不多到了。真正的市场底通常在政策底之后出现。市场底从来就没法预先判断，只有走过底部之后，你才会明白原来这里就是市场底。

现在我们一起来回顾一下，在 A 股历史上最重要的熊市底部中，市场底是如何受政策底影响的。

案例一：2008 年熊市大底中的政策

2008 年美国次贷危机蔓延全球，引发金融海啸。同期，上证综指从 2007 年 10 月最高的 6124 点跌到了 2008 年 10 月最低的 1664 点，跌幅达到 73%。2008 年 9 月 18 日，国家出台了救市三大政策：

①印花税从双边改为单边征收，卖出征收千分之一。

②汇金公司直接入市。

③国资委支持央企增持或回购上市公司股份。

在救市政策出台后的几个交易日，上证综指累计涨幅就超过了 20%。

这种情况下市场总该见底了吧，不论是下跌幅度、估值水平，还是政策支持，都已经到位。但是，A 股在 9 月的小反弹结束后再度下跌。10 月 9 日，央行再度宣布下调存贷款利率和准备金率，并暂免征收利息税。10 月 30 日，央行月内再度宣布降息 0.27%。从结果来看，虽然这段时间政策利好不断，但 A 股短暂反弹后仍下跌了 18% 之多。更令人恐慌的是，10 月上证综指最终跌破了 1800 点，即三大救市政策出台时的低点，最后于 10 月 28 日跌到 1664 点，下跌才算结束。此时的市场恐慌达到了极致，因为能够想到的政策都已经出台，而指数所有支撑位又全部跌破。

11 月 9 日，国务院提出了“四万亿”投资的刺激经济计划和适度宽松的货币政策。上证综指应声大涨 7.27%，此时市场形成了大 V 形反转，市场底开始形成，如图 5－4－1 所示。随后 10 个月时间，上证综指上涨到 3478 点，是 1664 点的两倍。

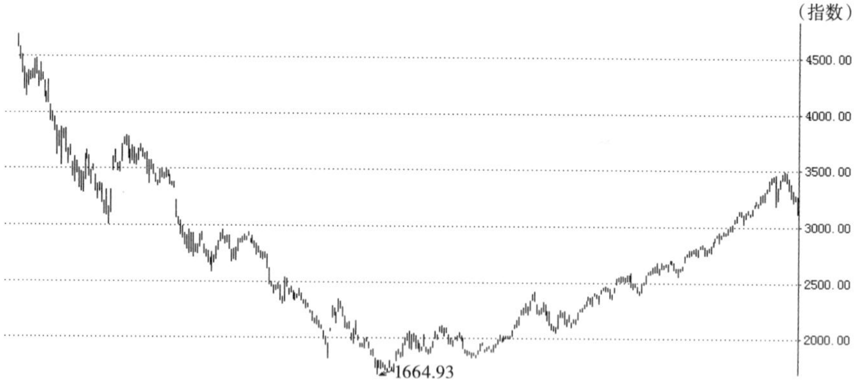

图 5－4－1　2008—2009 年上证指数的走势图（日线）

当遇到这样的大 V 形底的时候，我们应该按平时那样慢速定投，还是加速定投？肯定是加速定投！指数基金仓位要马上加仓，还是分批加仓？肯定要马上加仓！

2018 年底市场底到来时，翁量采取的加仓策略是在 2450 点快速满仓抄底。翁量当时判断市场的恐慌程度和股权质押已经存在巨大风险，政府出台救市政策迫在眉睫，否则股权质押将严重影响实体经济。果不其然，政策底已然来临，首先是中国央行不继续跟随美联储加息，而是多次使用 MLF（中期借贷便利）和 TMLF（定向中期借贷便利）等工具来释放流动性；其次，2019 年 1 月更是直接宣布降低存款准备金率，累计释放资金约 1.5 万亿元，净释放长期资金约 8000 亿元；最后，再加上外资加仓 A 股等利好刺激，2019 年初股市开始疯狂上涨，一口气涨到 4 月的 3288 点。

案例二：2012—2014 年熊市大底中的政策

现在再回过头看 2012 年初至 2014 年底的熊市大底部。这个大底部形成的时间跨度特别长，达 3 年之久，这是 A 股历史上罕见的大 U 形熊市底部。这期间政府也出台了很多利好政策，但是逐步释放利好，市场没有出现恐慌性下跌。A 股在熊市底部慢慢振荡，直到市场底出现。

2014 年 11 月以前股市只能说是微牛，牛市真正进入快牛阶段是在 2014 年 11 月末。2014 年 11 月 22 日，中国人民银行下调了金融机构的人民币贷款和人民币存款的基准利率。一年期贷款基准利率下调 0.4 个百分点，一年期存款基准利率下调 0.25 个百分点；同时，再次扩大存款利率浮动区间，上限由存款基准利率的 1.1 倍调整为 1.2 倍。央行降息成为本轮牛市最重要的导火索。

当遇到这样的大 U 形底的时候，我们应该按平时那样慢速定投，还是加速定投？肯定是慢速定投！指数基金的仓位要马上加仓，还是分批加仓？肯定是要分批慢慢加仓！在这种情况下，不管是一次性买入还是加仓太快，都会导致大量的现金进场过早，而后市一旦出现更便宜的价格，却没有更多的现金增加购买，最后会极大地影响投资回报率。

如何判断市场底是大 V 形，还是大 U 形？根据翁量的经验，如果市场下跌过程令人极度恐慌，并且政策给出的利好大幅超过市场的预期，像“四万亿”这样的政策会让市场极度兴奋，投资者怎么也想不到，政府会给出这么大的利好。这种情况下市场容易产生 V 形反转；反之，则容易产生大 U 形反转。所以，我们在市场底部加仓或者定投的时候，要及时关注和判断政策的来势是否凶猛，越是凶猛，我们越要加快加仓和定投的步伐。

5.5

散户进出的姿势

任何人投资股市，亏钱一定有原因，赚钱一定有方法。我们只要快速地学习投资盈利的方法，并且不断总结亏钱的原因并加以杜绝，即使刚入市的新手，也可以实现盈利。很多投资者喜欢研究成功人士是如何赚钱的，关于巴菲特、格雷厄姆等投资“大神”的书已经足够多了，但很少有著作去研究散户是如何亏钱的。“股神”盈利的方法固然重要，但导致散户赔钱的做法也不能忽视。

现在让我们一起更加深入地来分析散户亏钱的原因，特别是绝大多数股民常常犯的一些错误。这些错误姿势如不能及时纠正，长期下来不仅会严重影响投资收益，还会亏损很多。翁量就通过图5－5－1，来讲解普通散户进出股市时经历了怎样的心理变化，以及我们要如何远离这种错误的做法。

在1的位置，普通散户说，“啊，还在涨，等我继续观察一下市场再说”，说明前面的行情已经是上涨了。很多普通散户属于“初生牛犊型”，他们入市不久，“涉世不深”，没有经历过熊市，对股市风险的杀伤力知之甚少，而且最容易被市场人士左右。

在2的位置，普通散户说，“趋势在延续，我将在下一个调整巩固

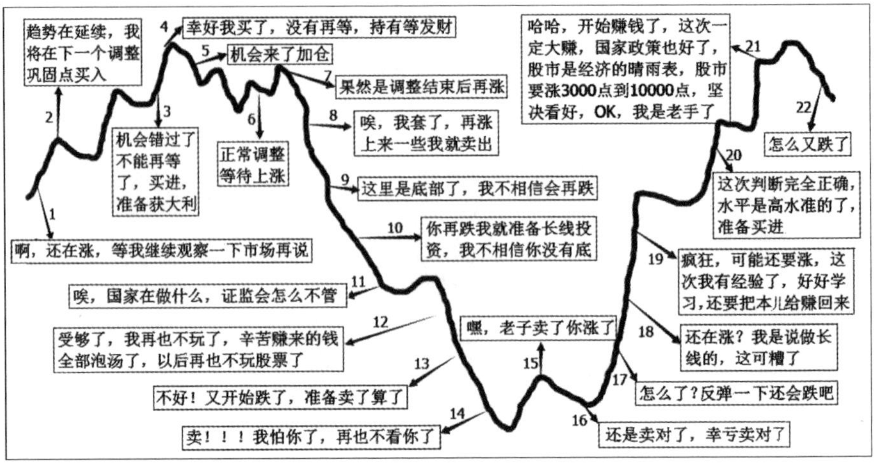

图 5-5-1　散户的投资路线

点买入”，说明行情已经涨了比较多，他们之前可能有过追高导致亏损的经历，所以这次他们要找下一个调整巩固点买入。

在 3 的位置，普通散户说，“机会错过了，不能再等了，买进，准备获大利”，说明他们已经后悔在前面便宜的价格没有买进，这可能是因为调整巩固点没有到，或者没有抓到。之后股价又继续上涨了，这回他们感觉失去了很大的赚钱机会。身边朋友都赚钱了，自己没有赚到，感觉比亏钱更难受。这时他们快受不了了，就开始建仓进场了。

在 4 的位置，普通散户说，“幸好我买了，没有再等，持有等发财”，说明他们追高买进，股价依然继续冲高。看到账户赚钱，因此非常得意。

在 5 的位置，普通散户说，“机会来了加仓”，说明行情开始下跌。到底是阶段回调后继续涨还是见顶行情，普通散户没有学习和实战经验，往往判断不出来。

在 6 的位置，普通散户说，“正常调整等待上涨”，说明他们没有加仓到最低点，但是一般会一路下跌一路补仓，一直补到满仓。他们还以为是阶段性回调后会继续上涨，并且盲目地认为会出现比位置 4 还高的新高。

在 7 的位置，普通散户说，“果然是调整结束后再涨”，说明一路下跌的行情迎来了反弹。他们以为是真的调整结束，后市还会继续上涨创新高。他们不知道高手们都是在 7 这个位置抓住最后卖出机会。

在 8 的位置，普通散户说，“唉，我套了，再涨上来一些我就卖出”，说明行情没有创新高，而是下跌反弹后继续下跌。他们已经被套上了，这时候他们只希望能够回本就卖出，所以会说再涨上来一些就卖出。

在 9 的位置，普通散户说，“这里是底部了，我不相信会再跌”。一般深套的普通散户不会去“割肉”，但是心中会抱有侥幸心理。手中持股希望行情会涨，感觉行情就会涨。

在 10 的位置，普通散户说，“你再跌我就准备长线投资，我不相信你没有底”，说明行情在下跌趋势中顺势下跌。他们已经非常难受了，准备长线持有。说到“不相信你没有底”，其实他们心里已经没有底了，也不知道底会在哪里。他们虽然感觉行情还会下跌，但认为反正跌这么多了，就当长线投资吧，底部不会太远，以后还会反弹涨上来的。其实，长线投资也要找好的买点，要买入处于底部刚启动的绩优股或绩优股基金，而不是被套了就做长线。

在 11 的位置，普通散户说，“唉，国家在做什么，证监会怎么不管”，此时，他们的内心已经十分焦躁。

在 12 的位置，普通散户说，“受够了，我再也不玩了，辛苦赚来的钱全部泡汤了，以后再也不玩股票了”，说明他们已经无法忍受，非常后悔当初为什么要买股票。

在 13 的位置，普通散户说，“不好！又开始跌了，准备卖了算了”，说明他们在经历巨亏之后，每次看到行情继续下跌，都非常恐惧，随时会产生无法忍受并且卖出不玩的心理状态。

在 14 的位置，普通散户说，“卖!!! 我怕你了，再也不看你了”，说明他们已经亏到不敢看行情和账户。每次看到或者想到自己的账户亏损巨大都很痛苦，所以为了逃离更大的痛苦，选择卖出股票。

在 15 的位置，普通散户说，“嘿，老子卖了你涨了”，说明他们非常后悔自己卖错了。

在 16 的位置，普通散户说，“还是卖对了，幸亏卖对了”。当他们卖出股票后，希望行情会继续下跌更多，这样他们会感到一丝安慰。

在 17 的位置，普通散户说，“怎么了？反弹一下还会跌吧”。他们或许希望跌得更多的时候再买回来，但实际上，无论跌到多么低的价格，他们都不敢买进了。

在 18 的位置，普通散户说，“还在涨？我原本是说做长线的，这可糟了”。他们害怕行情会继续上涨，但行情已经在上涨中，而且比自己之前卖的价格高了很多。他们后悔之前卖错了，本来不应该卖的，长线持有到这个阶段也不会亏那么多。

在 19 的位置，普通散户说，“疯狂，可能还要涨，这次我有经验了，好好学习，还要把本儿给赚回来”。

在 20 的位置，普通散户说，“这次判断完全正确，水平是高水准的了，准备买进”。他们以为在前面看涨行情的时候，判断正确，行情果然涨了，从而认为自己水平达到了高水准。这时候他们信心十足，且野心开始膨胀，又开始买进股票。

在 21 的位置，普通散户说，“哈哈，开始赚钱了，这次一定大赚，国家政策也好了，股市是经济的晴雨表，股市要涨 3000 点到 10000 点，坚决看好，OK，我是老手了”。

在22的位置，普通散户说，“怎么又跌了”。行情没有一次会涨到股评家预测的行情。2007年涨到6000多点的时候，大部分股评家唱多到10000点；2015年5000多点的时候，大部分股评家唱多超过2007年的高点。结果每次都是行情还远没有达到股评家唱多的点位就开始暴跌，又套住了很多人。

人们常说，“不要好了伤疤忘了痛”，但股市恰恰就是一个最容易让人忘记“痛”的地方。如果我们仔细研究周围投资者的言论，就会发现，那些曾在牛市顶部区域大肆唱多，并为牛市继续上升呐喊助威的投资者，往往都是在熊市末期最为悲观且大肆唱空之人。世事真的很奇妙，在顶部看多者往往都会成为底部的看空者。这种循环似乎早有安排，上天总会指派一些人来“买顶逃底”。这种现象如四季更迭般循环往复。

5.6

辨别媒体的声势

股票市场是一个信息高度集中的市场。在一个有效的股票市场上，股票价格应当能反映市场中的所有信息。股票市场中的信息是指能对股票价格产生作用，导致股价上下波动，从而影响投资者投资回报率的各种信息，包括通过各种新闻媒体公开发布的信息以及未正式发布的信息。

然而，市场中的信息能否被准确反映则取决于两方面的条件：一是市场中的信息能够被广大投资者获得；二是投资者对所获得的各种信息进行消化、吸收和判断的能力。

由于散户在时间、资金、专业知识、技术设备等方面处于弱势，他们获取信息的能力极为有限，方式也比较单一，主要依赖新闻媒体。媒体是他们获取信息的主要渠道，媒体报道的各种信息则是他们投资决策的主要依据。而且散户对信息的理解、消化和判断能力也比较差，他们往往仅盯着新闻媒体发布的各种信息。一旦媒体渲染牛市的乐观气氛，他们就大量跟进，造成股价攀升；反之，一旦媒体渲染熊市悲观气氛，他们就盲目撤资，造成股价继续下降。

案例一：日本股市泡沫的媒体声势

1985年，随着利率的降低，日本经济出现流动性过剩的萌芽。此后日本股市进入上升态势，1987年1月，日经指数突破2万点，6月突破25000点大关。1988年初，日本大藏省推出“以特定金钱信托强化基金托拉斯弹性”的政策指引，给法人投资者打了一剂强心针，鼓励法人投资者进入股市，股票市场创出了新高。1989年12月，东京交易所开市的日经平均股指高达38957点。

进入20世纪90年代，日本股市的泡沫破灭，股市价格应声暴跌。到1990年10月，股指跌破20000点。1992年4月1日，东京证券市场的日经平均指数跌破了17000点，日本股市陷入恐慌。8月18日降至14309点，基本回到了1985年的水平。此后，日本股市一拨比一拨低，一直跌到2008年10月的6994点。将近20年时间，日本股市下跌了82%。截至2019年，日经平均指数在23000点附近。

图5－6－1　1987—2019年日本股市走势

现在我们反思媒体和专家在牛市泡沫中的催化剂作用。取得耶鲁大学经济学博士学位的野口悠纪雄在其著作《泡沫经济学》中描述，专家和媒体认为日本经济发生新时代的模式转换，股市持续上涨是理所当然的，在经济学者中也存在强烈的泡沫否定论。他们特别认为股价的暴涨，是对日本经济未来增长预先反应。

在表5-6-1中，野口悠纪雄教授总结整理了那几年日本经济新闻中含有“泡沫”一词的稿件数量。

表5-6-1　日本经济新闻中出现的有关“泡沫”的稿件数量

年份	1985	1986	1987	1988	1989	1990	1991	1992
件数	8	3	1	4	11	194	2546	3475

注：件数是指《日本经济新闻》《日经金融新闻》等登载的稿件中含有“泡沫”一词的稿件数量。1992年是指1992年10月为止的数据。

在泡沫不断膨胀的1989年之前，几乎很少使用这一词汇。而且，即便使用，大多也是与外汇汇率有关的稿件。也就是说，在股价不断暴涨的过程中，许多人并没有认识到这是由经济泡沫所引起的。虽然现在回过头来看，当时异常上涨的特征极为明显，但因为处于股价不断上涨的过程之中，人们实在很难去预料价格会发生逆转。正因为如此，泡沫才会不断膨胀。有关“泡沫”的新闻条目数，从1991年开始突然增长。这表明，人们是在1990年的股价下跌很多之后，才开始注意到泡沫的存在。

案例二：2015年“国家牛”的媒体声势

日本的情况如此，我们再看看中国A股市场的情况。中国A股市场也上演过几轮轰轰烈烈的牛市行情，上证指数曾在2007年达到6124点，但潮起潮落，直到2019年，上证指数依然在3000点左右徘徊。

我们看看这十几年里，中国的专家、传媒又是如何推波助澜，制造声势的。

2014 年下半年，包括持续的货币宽松、“大众创业、万众创新”等政策预期，直接导致了市场对大牛市预期的过度乐观。对于已持续遭受 7 年熊市煎熬的股民、投资机构、券商来说，牛市的到来就是久旱逢甘霖的喜悦，是漫漫熊市等待之后“水到渠成”的期盼，他们对牛市可谓望眼欲穿，所以一旦媒体开始鼓吹牛市，市场所有各方都伸开双臂拥抱牛市，准备撸起袖子大干一场。

2015 年上半年的快速赚钱效应刺激了投资者的神经，主流媒体渲染的“国家牛市”让投资者义无反顾，而少数经验丰富的投资者即使感觉到市场已是一个典型的泡沫，但眼看着每天大量新进入者，也选择相信泡沫还将继续存在。代表机构投资者和券商利益的各路分析师，开始粉墨登场，纷纷大谈“国家牛”的美好愿景，并为“国家牛”竭力寻找论据支撑。

之后上证指数终于在极度乐观的气氛中于 2015 年 6 月 12 日 5178 点见顶，之后持续下跌，2016 年 1 月 27 日又回到了 2638 点。对于广大散户来说，绝大多数是在牛市高位时被诱导入市的，最后的结果自然可想而知。等到股市进入熊市后，我们才知道之前专家和媒体所鼓吹的“国家牛”，与官方期待的“慢牛”“健康牛”根本就是风马牛不相及，截然不同。

那当时理性的专家和媒体去哪里了？

就算是理性的专家和媒体，如果没有成熟的理论体系和丰富的市场经验，处身变化莫测的市场之中，往往到最后也不相信自己之前的判断，因为当时“国家牛”的气氛实在太浓厚了。在 2015 年 4 月，即使有专家和媒体在 4000 点发出了理性的声音，也得不到市场的认可。虽然 4000 点相对于后面熊市低点 2638 点多出 1362 点，但是，当时没有几个投资者能够忍受住踏空 25% 涨幅的心理落差。

最后，这种理性的观点会被当成笑话，再没有多少专家和媒体敢在5000点呼吁市场要谨慎。慢慢地，这种理性的声势就没有力量了，剩下的大多数是“国家牛”的声势、10000点的声势。

历史总是不断地重演，作为基金投资者的我们，要学会辨别媒体的声势，与少数理性的投资者在一起保持理性，才能让我们的投资更加成功。格雷厄姆在《聪明的投资者》书中写道：“当众人与你意见相左时，不代表你的看法是对是错，唯有当你的数据和逻辑正确时，你才是正确的。”

6

志：超越一切投资技能的修炼

6.1

在熊市中要定心定志

低迷中的熊市最具有投资价值

绝大多数散户都是在熊市底部“割肉”，倒在黎明前的投资是最悲哀的事情。其实，熊市是投资播种的春天，是最佳的投资时节，未来将收获遍地黄金。大熊市才是改变人生的最好机会。最好的致富机会就是在熊市重仓满仓，并且坚守。

巴菲特的投资生涯至今经历过四次股市暴跌，分别是1973、1987、2000、2008年。每次股市暴跌前一两年，巴菲特就提前退场，根本不参与最后一拨行情，而是冷眼旁观其他人在股市中博傻。等股市跌透了，他再悠然自得地大规模进场——捡拾原先看好的股票。

以1987年股灾为例，当年8月到10月暴跌36%，这一次股市跌得快，反弹也快。面对匆匆而来又匆匆而去的投资机会，巴菲特非常淡定，因为他相信下一次机会还会来，只需耐心等待。在这次股灾中，巴菲特得到的启示是：有时暴跌带来的机会太过短暂，让你无法抓住抄底良机，对此同样要做到淡定面对，不要因为无法把握住每一次机会而自责甚至导致投资行为失控。

1987 年暴跌后的第二年机会来了，巴菲特开始大量买入可口可乐。到 1989 年，两年内持续买入可口可乐 10 亿美元，1994 年继续增持到 13 亿美元。1997 年底巴菲特持有可口可乐股票市值上涨到 133 亿美元，10 年赚了 10 倍。

2008 年 10 月，全球股市哀鸿遍野，各个行业的股票都下跌，有些股票甚至出现了恐慌性暴跌。然而，投资家巴菲特却认为这种时候才是购买股票的好时机，于是他大量以低价购入股票。他近十年来最著名的一手交易就是在 2008 年美国次贷危机时，对处在危机中的华尔街高盛集团大胆地投资了 50 亿美元。

历史上最牛的基金经理彼得 · 林奇，他经手的基金市值曾经在 13 年内翻了 29 倍。针对股市的熊市，他这样感悟：

每当股市大跌，我对未来忧虑之时，我就会回忆过去历史上发生过的 40 次股市大跌这一事实，来安抚自己那颗有些恐惧的心。我告诉自己，股市大跌其实是好事，让我们又有一次好机会，以很低的价格买入那些很优秀的公司股票。

也许未来还会有更大的股市暴跌，但是既然我根本无法预测何时会发生股市暴跌，而且据我所知，和我一起参加巴伦投资圆桌会议的其他投资专家们也无法预测，那么何必幻想我们每个人都能够提前做好准备免受暴跌之灾呢？在过去 70 多年历史上发生的 40 次股市暴跌中，即使其中 39 次我提前预测到，而且在暴跌前卖掉了所有的股票，我最后也会后悔万分的。因为即使是跌幅最大的那次股灾，股价最终也涨回来了，而且涨得更高。

股市下跌没什么好惊讶的，这种事情总是一次又一次发生，就像明尼苏达州的寒冬一次又一次来临一样，只不过是很平常的事情而已。如果你生活在气候寒冷的地带，你早就习以为常，事先就预计到会有气温下降到能结冰的时候，那么当室外温度降到低于零度时，你肯定不会恐慌地认为下一个冰河时代就要来了。而你会穿上皮大衣，在人行道上撒些盐，防止结冰，就搞定了。你会这样安慰自己——冬天来了，夏天还会远吗？到那时天气又会暖和起来的！

2018 年定投和抄底的定心定志

2018 年 10 月，在中美贸易摩擦的利空下，欧美股市大跌，引起 A 股大恐慌，非常多机构看空股市，认为大盘会跌破 2200 点，媒体大肆唱空。但是，翁量用逆向思维，再根据政策底、市场底、估值底和牛熊高度指标，判断股市即将见底，满仓抄底的机会来了。10 月 19 日股市见底 2450 点的前 3 天，翁量在微信公众号写出文章《没有熊市播种，何来牛市收获？（政策底）》，其内容节选如下（文字有调整）：

今天的继续下跌，让很多人已经到一种近似崩溃境地，很多中小盘股已经进入了一种非理性杀跌的状态，因为很多人在指数破了 2638 点之后，信心被彻底击垮了，恐慌的情绪在不断释放，以至于上周末多个利好都没有起到阻挡下跌的作用。

但是，2600 点可能是政策底。深圳百亿国资驰援上市公司之后，北京也开始拯救快要爆仓的公司，明显是高层开始指挥作战，所以 2600 点可能是政策底，也就是翁量文章《大暴跌，砸出黄金坑，该如何操作?》（写于 2018 年 10 月 11 日）中说的“黄金坑”边界。市场惯性下跌就是跳“黄金坑”，这种“黄金坑”，跳进去就等着发财。如果你被洗出去，那可能要长期哭泣，因为行情涨起来的时候，媒体认为是反弹，你怕反弹后还会跌，所以迟迟不敢追进，等发现牛市出来的时候，牛已经走了一半。

熊市总是一样的，煎熬、磨人、恐慌、亏损，在市场不断下跌中

（没有最低，只有更低）投资者信心全无。因此，在这个同样的熊市，翁量想把“熊市播种，牛市长成一棵摇钱树”这句话送给大家。

翁量曾经错过了2008年大熊市满仓抄底的机会，非常后悔，之后大胆在2013年和2016年1月满仓，均获得后面疯狂上涨带来的暴利。之后翁量彻底爱上熊市。当你爱上熊市的那一天，财富的大门也就向你打开了！

6.2

在牛市中要淡泊明志

贪婪是导致投资失败的重要原因

汉语贪婪二字，其中“婪”最初的意思与吃有关，形容暴饮暴食以及对食物的过度渴望和消耗。如今贪婪也在股市体现得淋漓尽致。贪婪无孔不入，在牛市当中加速膨胀。假若在牛市中说起那些平时令人趋之若鹜的理财产品，则会招致旁人白眼，说“放在股市里一天都超过这个收益了”。在全盘皆红、单边上扬的行情中也许确实如此。

在股市低迷之后，稍有起色，就让许多人豪情满怀，提高收益要求。有的人要求自己三年翻倍，或者一年翻倍，牛市来了，甚至要求自己一个月翻倍，还要求熊市来了也必须盈利。在 2019 年 1 月 4 日的 2440 点开始一拨上涨以来，有的人盈利 20% 还不知足，还很贪婪，因为上证指数都上涨了 20% 多；有的人盈利 30% 还不知足，因为创业板指数都上涨了 40%；有的人盈利 50% 还不知足，因为可能有一部分股票已经翻倍了。这也是古往今来不变的人性——贪婪！

贪婪还会迫使人们对自己展开“洗脑”，认为自己也可以“一夜暴富”。这种“洗脑”从每天听到身边人买的股票大赚开始，从亲自看到股票疯涨加深，从媒体上看到“赚钱效应”得以巩固，从抵押贷款或是拿起融资融券这把“双刃剑”冲进股市达到高潮，最终，从市场调整、大跌到进入熊市而瞬间一无所有。牛市的疯狂成为众多投资者的“收割机”。贪婪是导致股票投资失败最大的原因。

2007 年中国 A 股泡沫

中国 A 股成立以来，发生过多次牛市和熊市，其中最大的一次牛市是从 2005 年的 998 点涨到 2007 年 6124 点。关于这次牛市怎么启动，怎么发展，泡沫如何形成，基金研究专家赵迪在其著作《资本的崛起：中国股市二十年风云录》一书中详细地记录了如下的重要事件：

2005 年 1 月 23 日，财政部宣布从 2005 年 1 月 24 日起印花税由 2‰ 下调至 1‰。然而，带来的仅仅是短暂的上冲，指数仅仅在 2 月份出现了小幅反弹便继续向下调整。投资者对于 A 股市场信心依旧丧失殆尽。

2005 年 4 月 29 日，中国证监会发布了《关于上市公司股权分置改革试点有关问题的通知》，宣布启动股权分置改革试点工作。困扰市场数载的头号难题——股权分置终于迎来改革破题的一刻。但是 A 股市场并不领情，此后一个月继续快速下跌。

2005 年 6 月 6 日上午 11 点 03 分，上证指数盘中跌破 1000 点，最低跌至 998 点。人们对市场的恐惧战胜了理想，再大的利好也阻挡不了市场的下跌。但是当利好政策累积到一定程度就会形成对市场有力支撑。此后在试点公司名单先后两批出炉和股权分置改革顺利进展下，股市企稳并且逐步开始上涨。998 点就是这次牛市的起点。

进入 2006 年，股权分置改革的速度开始加快。与此同时，长期丧失融资功能的 A 股市场也期待着新股发行和再融资的重新启动。

到 2006 年 6、7 月的时候，股票市场已经出现了比较明显的上涨，上证指数达到1700点附近，全国范围内的房地产市场也表现出价格全面加速上涨的势头，资产重估论开始引起一定的注意。当然，市场中并不是所有人都认可资产重估理论。也有一些分析师从基本面角度解释中国股票市场的上涨，因此“大国崛起”“黄金十年”之类的提法开始出现。不管是资产重估论还是“黄金十年”的提出，都对于未来的资本市场表达出相当乐观的判断。正是在这种群体乐观的叠加之下，A股市场继续高歌猛进。

2007年伊始，股市延续了2006年的上涨行情，上证指数先后刷新2500、2600、2800等高点，不断创出新高。与此同时，海外股市、大宗商品价格也不断上涨，可以说，在全球流动性泛滥的大背景下，资产价格的疯狂还在不断延续。

比较早发布看空观点的券商派学者们，曾写下以下系列文章《理性对待股市大涨》《快速变化有违资本市场发展规律》《市场应警惕股市系统性风险：量增更需质变》《股价岂能放卫星，价格重估不是价值重估》《不要与政策博弈》等系列唱空观点。然而，股市并不理会券商派学者们的观点，继续高歌猛进。

与此同时，市场中传唱着一首股民自编的歌曲《死了都不卖》，更是道出当时市场的疯狂。据说，此歌作者为龚凯杰，是一普通股民。此歌传唱后一夜成名，成为网络红人，但在现实的炒股生涯中，他仍然摆脱不了一个小散户的命运。信息严重不对称、真假消息满天飞、各种陷阱防不胜防。一年后，市场泡沫破裂之际，央视再次采访龚凯杰时，他奉上了一首新作，叫作《只要不亏》。

2007年上半年，央行不断上调准备金率和存贷款利率，但都没能够阻止市场的疯狂。A股市场的高歌猛进也引起了管理层的担忧。

2007年5月8日，中国人民银行行长周小川在瑞士出席G10央行行长会议时表示，中国股市的泡沫令人担忧，中国人民银行正监控资产价格以及通货膨胀。

2007 年 5 月 11 日，证监会发布《关于进一步加强投资者教育、强化市场监管有关工作的通知》，要求牢固树立保护投资者合法权益的意识，进一步增强做好投资者教育工作的主动性，将投资者教育工作的重点放在向投资者充分揭示风险和真实、准确、完整、及时地披露信息上来。

5 月 24 日，证监会强调进一步加强投资者教育。这些信号无不传递出一个重要的信息，管理层已经认为 A 股市场连续上涨孕育着巨大的金融风险，然而，疯狂的市场依旧对此视而不见。

2007 年 5 月 30 日 0 点，财政部宣布：将证券交易印花税由 1‰上调至 3‰。媒体将这一行为戏称为“半夜鸡叫”。5 月 30 日开盘后，两市股指随即出现雪崩式的下跌，上证指数大跌 281.84 点，深证成指大跌 829 点，两市近 900 只个股跌停，跌幅在 5% 以上的个股更是超过 1200 只，并创出了 4292.7 亿元的历史天量。接着的几个交易日，A 股开始连续下跌调整，沪指由“5·30”前的 4334.92 点一直回落至 3404.15 点，其间不少个股经历了三个连续跌停。

在“5·30”之前，由于题材股、概念股、垃圾股全面疯狂，导致市场泡沫四处飞，管理层出于对市场风险骤然增大的担忧，先后多次给市场打招呼，希望投资者保持理智，但市场完全不理，最终逼迫管理层突然大幅提高印花税，从而使得市场出现急跌。2007 年上半年进场的大批散户投资者在一周时间内由账面盈利转为深度套牢。

“5·30”过后，管理层实施了以密集发行开放式新基金为代表的“纠错”行为。管理层希望通过机构投资者相对理性的投资理念，将资金从垃圾股、题材股引入到蓝筹股中来。然后基金股票池主要锁定在蓝筹股的范畴之内，其对指数的影响程度更为明显。基金在进一步巩固其市场主力地位的同时，“一基独大”局面也促使市场进入基金博弈时代。

到了2007年8月末，市场已经完全消化了“5·30”的影响，上证指数站上5000点之时，公募基金却依旧在大肆唱多。随着以基金为代表的中国机构投资者的队伍不断壮大，基金投资行为表现出的羊群效应不但没有丝毫的减弱，反而是变本加厉。公募基金习惯了中国特色的羊群效应，其操作行为和方向进一步雷同，那么有预谋的羊群效应其实就等同于“类庄股运作”的模式，和以往的联合坐庄并不存在本质区别。

2007年下半年，A股市场板块中的基金重仓股联动、板块之间的轮动表现得十分明显，这足以成为基金“类庄股运作”最真实的证据。正是基金的疯狂，将A股市场中的大盘蓝筹股带入到了“新庄股时代”。

2007年10月，A股市场攀升至6000点上方，10月16日，上证指数最高冲至6124点的历史最高峰。此后，市场开始振荡调整，然而，与历次市场见顶后相似，当时市场主流观点认为这仅仅又是一次牛市中的调整，调整之后还会创新高，到处都是“万点论”的观点。

2007年12月，相对比较看空市场的招商证券研发中心认为，2008年A股市场或会从理性繁荣走向全面沸腾。在理性繁荣状态下，上证综指的波动区间可能在4500~7500点，在非理性状态下，上证综指的波动区间则可能在4500~10000点。结果2008年市场进入大熊市，一路跌到1664点，此次熊市也是A股市场成立以来跌最多的一次，上证指数跌幅达72.83%。

投资者的贪婪在每次牛市中不断上演，而且贪婪程度都类似。比如2015年的牛市行情，特别是创业板暴涨的速度，像是完全克隆了2007

年牛市的疯狂。首先，新入市的股民，没有经过上一次的“洗劫”，不知道亏钱时的痛苦。其次，2015 年股民投入的钱比 2007 年的多出数倍，疯狂程度比 2007 年牛市有过之而无不及。人性的贪婪很难被克服，因为它属于人类正常的本性，只有通过后天的修炼，才能知道要去克服。身处股市之中的我们亦是凡夫俗子，只有通过量化管理仓位，才能真正地克服人性的贪婪。

6.3

在选择中要人各有志

非理性的攀比能让投资者迷失方向。比如一个对自己投资收益率挺满意的投资人，偶然间在某处看到某人投资收益率比自己高好多，可能内心就不淡定了。轻则心情郁闷，重则改变自己长期形成的投资风格，导致后来非但没有取得别人的投资收益率，反而亏损累累。

投资者应该根据自身情况，量身定制适合自己的投资计划，通常包括三个基本步骤：

规划

第一，投资规划的首要任务就是了解自己的需求，确认并量化投资目标和投资限制。

①家庭收入。评估自身风险承受能力，无外乎要考虑家庭收入水平，因为定期的家庭收入是投资指数基金的主要来源。其次，还需要考虑家庭收入的稳定性。

②年龄大小。一个人的年龄处在不同阶段，对风险的承受能力也会发生很大变化。一般来说，年龄越大，风险承受能力越低。

③投资目标。如果投资是为了子女的教育费、医疗费等必要性资金

需求，则应视为低风险倾向型，应选择保本且收益稳定的产品；如果投资是为了个人的消费，如买房买车等，因为消费的非必要性，所以要有一定的风险承受能力，可以考虑相对高收益的产品；如果投资是为了财务自由，那就需要承担更大的风险，甚至在熊市低位要重仓或满仓持有指数基金。

④风险偏好。对于风险偏好，就是要看个人性格。因为有些投资者无论自身财务状况好坏，都热衷于高收益投资，即风险偏好型投资者；而有些人即使有一大笔闲钱，也坚持存在银行，最多也就是买些银行理财产品和国债一类的几乎零风险产品，这就是典型的风险规避型投资者。在规划投资计划之前，我们一定要对自己的风险偏好有清楚的认知，以免在亏损时心理上无法承担。

⑤投资经验。投资经验丰富和具有较高专业程度的投资者往往比投资新手风险承受能力要高些，因为对资本市场的风险收益水平和波动已经有了一定的了解，也懂得如何去权衡。

⑥流动性需求。对于一些投资者，他们承受风险的能力会受限于自身对资金流动性的要求，这就需要投资者对未来 3 ~ 5 年内的消费支出有大致的预期。如果未来 3 ~ 5 年内大额支出频繁的话，则会要求较高的流动性，此时就要控制买入指数基金的金额。

第二，一旦我们的投资目标和投资限制被确定下来，下一个任务便是完成投资计划书的制定。大多数投资者都没有计划，导致在投资过程中掺杂了个人的情感和直觉，应变能力也很低，不懂得如何处理突发问题。当行情出现重大变化，他们往往会做出非理性操作，最后赚不到钱。

第三，形成资本市场预期。我们要对多种资产类别的长期风险和收益特征进行预测。在这些预测的基础上，进行资产配置。

第四，建立战略资产配置。在战略资产配置中，我们应该结合投资计划书和资本市场预期，决定各类目标资产的配置，并制定各类资产权重的上限和下限，作为投资过程中风险控制的依据。如果你在牛市高位才开始入场，对未来1~2年的收益预期不要太高，要注意控制指数基金的仓位。如果你在熊市低位进场，就可以适当提高未来2~5年的收益预期，可以适当加大指数基金的仓位。

执行

投资执行是投资规划的实现。在执行阶段，我们要结合投资组合的既定目标、资本市场预期，做好组合构建和证券选择等方面的决策，并且执行这个投资决策。之后，我们再根据实际情况和资本市场预期的变化对投资组合进行调整。对于成熟的投资者来说，投资其实就是一个枯燥遵循计划的过程，他们每天都按照自己的计划做事情，不会轻易改变自己的计划，所以长期下来，他们的投资回报也越大。

反馈

①监控和再平衡。监控和再平衡是指对新出现的情况与市场因素的监控，持续调整投资组合以适应新的变化，使投资组合能够符合我们的投资目标和限制。当我们的现状发生改变，或者市场因素引起资本市场预期发生变化时，我们就需要进行投资组合的再平衡。

②业绩评估。我们需定期对投资业绩进行阶段性的评估，以对投资目标的实现情况和投资管理能力进行评价。对我们投资管理能力的评价包括三部分：业绩度量、业绩归因和绩效评估。业绩度量是指对投资组合收益率、风险等各类业绩指标的计算；业绩归因是确定投资组合收益的来源；绩效评估则通过将投资组合的表现与业绩基准或同类投资组合

进行对比，做出评价。

总之，当投资者在做完适合自己的投资计划之后，就要根据投资计划来执行，不要与风险厌恶程度不同的投资者做比较。控制我们的欲望，不要盲目攀比。

6.4

在执行中有不拔之志

交易你的计划

当你计划好应对未来各种行情的交易策略之后，剩下的事情就是等待未来行情的出现。等待也是投资最重要的事情。孙子曰：“昔之善战者，先为不可胜，以待敌之可胜。不可胜在己，可胜在敌。”意思是善于用兵作战的人，总是首先创造自己不可战胜的条件，并等待可以战胜敌人的机会，使自己不被战胜，其主动权掌握在自己手中；敌人能否被战胜，在于敌人是否给我们以可乘之机。

计划你的交易，交易你的计划。一旦等待的时机出现，我们就要坚决执行投资计划。巴菲特的成功，就在于他一生对价值投资交易体系的虔诚信奉以及严格的执行力。

实战案例

2018 年 10 月，上证指数跌到了 2450 点。翁量就来讲述一下自己是如何设想和推演未来极端行情的出现，如何提前做好投资计划，当设想行情出现时又如何严格遵守计划，提高执行力的。

翁量于2018年8月16日在微信公众号中发布文章《如何用趋势线寻找股市的底部（黄金坑)》，文章中翁量做出了“后市会有黄金坑”的判断，关键内容如下：

下图是翁量在深证成指走势图的基础上画出的趋势图，图中K线是深证成指诞生以来所有的走势表现。除了2004年行情极度悲观和2007年行情极度乐观之外，其余时间的走势都非常有规律，顶部和底部均在趋势线上。2013年和2014年，翁量就是通过趋势线技术和“牛熊高度”理论抄到大底（A点)，也用同样的方式，在2015年上证指数5000点的时候清仓跑顶（图中顶部刚好打到趋势线上B点)。

图6－4－1　1991—2018深证成指的趋势（周线）

现在（2018年8月16日)，深证成指又跌到下面的趋势线上（C点)，翁量的仓位今天已经加到85%，之后行情即使再像2004年那么悲观，我们也不怕。2004年行情是从2003年开始振荡过来的。假设现在的行情在2700点上下振荡到2019年，我们也可以做高抛低吸赚差价，大幅降低成本提高收益率。如果未来行情在极大利空下，继续暴跌破2600点，那也是“黄金坑”。

在我们国庆期间欧美股市连续暴跌，国庆后 A 股也加入了暴跌行列。翁量于 2018 年 10 月 11 日在微信公众号中发布文章《大暴跌，砸出黄金坑，该如何操作?》，在文章中翁量给出“黄金坑”正在来临的判断。

在 2018 年最低点 2449 点来临的前一天晚上，翁量在微信公众号文章《牛熊高度为 1%，将启动“满仓 + 定投”》中给出 2450 点要满仓抄底的投资计划。结果在 2018 年 10 月 19 日，A 股在中美贸易摩擦的利空下低开低走，翁量于早盘就发布执行抄底的动作。当日行情跌幅超过 1%，最低点跌到 2449.20 点，与翁量提前判断和规划的 2450 点相差不到 1 个点。等翁量满仓抄底之后，行情开始绝地反击，持续上涨，最后收出一个大阳线，全天涨幅为 2.58%，第二天行情继续大涨 4.09%，这次行情持续反弹到 11 月 19 日。11 月 19 日当天翁量又做了一次高抛，之后在 2019 年 1 月 4 日继续抄底到满仓。最后行情连续上涨到 2019 年 4 月 8 日。

计划你的交易，交易你的计划。整个过程中执行力其实是非常重要的。翁量预先设想并推演未来各种行情的出现，且提前规划好相应的投资策略。这样做的目的是尽可能地对未来各种行情都有所准备。当行情出现的时候，就启动我们的计划，并且严格执行。

6.5

在规划中有宏图大志

自由是很多人追逐的梦想。什么是自由？马云有一句经典的话是这样说的：“自由不是你想干什么就干什么，而是你不想干什么就不干什么。”满足一切自由的前提应该是实现财务上的自由。

翁量有一个远房亲戚，很早就实现了财务自由。翁量非常敬佩他，也经常会向他请教一些投资上的事情。他年轻时没有读过多少书，在广州的工厂给当时一个做个体户的老板打工。由于他做事非常积极，被那位个体户老板看中，在很多年后也成为了这位老板最亲密的事业伙伴。累积了一些钱之后，他开始跟着这位老板做房地产、股票、基金等投资。从2001年起，他就逐步实现了财务自由。现在不计算他的房产和股票，单凭他所拥有的基金每年产生的收益，养活他们一家人就已经绰绰有余。实现了财务自由，他自然可以做他想做的事情，可以给家人更多、更高质量的陪伴。

翁量的这位远房亲戚，可以在很早的时候就过上幸福的生活，这得益于他很早就通过投资理财获得了很大的收益，且这份收益远远大于他家庭的开销，从而实现了财务自由。我们普通人，也应该在财务规划上有宏图大志。

如果你是男人，无论结婚与否，都要承担起让家人生活越来越好的责任。我们有责任让爱人过上更好的生活，也有责任给孩子更好的教育，更有责任让父母的晚年生活轻松快乐。

如果你是女人，无论你是否已经结婚，都应该经济独立。靠男人不如靠自己，自己做好理财规划，帮家庭做好理财规划。只有做好理财规划，幸福才能牢牢抓在自己的手中。

6.6

在修炼中有平生之志

当你决定一定要在股市中赚大钱实现财务自由时，就请你现在开始全力以赴学习和实战。世界是公平的，你的付出在哪里，回报就在哪里。你在股市上付出了时间，回报的就是赚钱的技能。每个人的一天都是24小时，你的注意力放在看电视、玩游戏、做“吃瓜群众”上，你的回报就是无聊的结果、年龄的徒然增加。

所以，从现在开始，你要将注意力放在如何通过投资股市实现财务自由的学习上。

我们来看看巴菲特年轻时是如何学习的。2017年巴菲特的个人财富接近800亿美元，净资产位居全球富豪榜第二名，仅次于微软公司创始人比尔·盖茨。他成为有史以来赚钱最多的投资人。我们来看看他的学习路径：

1950年，19岁的大四学生巴菲特读到格雷厄姆刚出版的《聪明的投资者》这本书时，猛然顿悟：原来这才是真正的投资之道，这绝对是最伟大的投资书。于是巴菲特申请到哥伦比亚大学商学院读研究生，目的就是去听格雷厄姆的投资课，并且成为了优秀的学生。

一年后毕业，巴菲特申请到格雷厄姆的投资公司无偿工作，不需要薪水，就为了能与老师一起工作，学习老师的方法。巴菲特的眼光是不是很长远？他是不是把学习赚钱的方法看得很重要？那么，他的老师格雷厄姆有没有接受他？没有，因为格雷厄姆想给犹太人更多的工作机会。

年轻的巴菲特只能回到老家，在父亲开的证券经纪公司工作。但是他没有放弃机会，还坚持写信给格雷厄姆，汇报自己的投资见解。又过了 3 年，巴菲特的执着与诚心终于打动了他的导师，格雷厄姆终于同意接受他。于是巴菲特为了学习更好的投资方法，离开了家乡来到纽约，进入格雷厄姆的投资公司工作，开始跟着老师做投资。

1956 年格雷厄姆宣布退休。巴菲特重返家乡，组建了自己的管理投资公司，完全模仿格雷厄姆投资公司的运作模式和投资策略。结果青出于蓝而胜于蓝，到 1969 年，巴菲特连续 13 年的平均年化收益率为 29.8%，个人财富超过 2500 万美元，是导师格雷厄姆退休时一生累积财富的 10 倍以上。

事后证明，巴菲特向格雷厄姆撰写的数十封信件为他带来了超额的回报。要在股市中发财致富，就要拿出学习的行动力。巴菲特在格雷厄姆那儿工作的两年时间内，刚开始的投资资金为 9800 美元，最终变成了 14 万美元，2 年翻了 14 倍。更为重要的是，事后巴菲特初期经营的合伙企业，十几年来一直应用从老师那里学来的投资方法，即“烟蒂投资法”，为现在的伯克希尔奠定了坚实的资本基础。巴菲特最初的执着精神对于他一生的事业成功有着不可估量的作用。

当一个人的内心出现强烈的投资致富的欲望之后，一切困难都不会是困难了。因为这种欲望之火会燃烧心中的能量，让自己的热情永远保持在巅峰状态。巴菲特斗志昂扬的激情一直支撑着他坚持到底，直到成功，成为世界首富，拥有富可敌国的财富。

很多人经过一次次的失败之后，会选择放弃，但成功者是永远不会放弃的。试想一下，一般人在请求别人给自己一次工作的机会被拒后，碍于面子或挫折心理，大部分人不会再去尝试第二次。而巴菲特却坚持了两年，信件写了数十封。从这件事上可以看出，巴菲特很执着，很爱学习，决定的事绝不会轻易放弃。

可以这样说，任何人只有真的知道自己想要的是什么，知道用什么方法去行动，才能得到自己想要的结果。那么，这个人也一定可以成为自己想要成为的那种人。人生最关键的就是重要时刻做出不平凡的决定，不轻易向现实低头。

另外，也看得出来，巴菲特已经下定决心要在证券投资领域做出一番成就，而不是还考虑其他的行业或领域。他当时应该十分坚信，只有向他的导师格雷厄姆先生学习，投资才能更容易获得成功，所以，他坚持不懈地努力，一定要获得跟着老师学习和实战的机会。学习很重要，跟对老师更加重要。

学习巴菲特，我们能够做的事情是：立下平生之志的同时把握现在，把眼前的事情做好。昨天都已经过去，过去不等于未来，今天是为明天而做的准备，只要好好地把握今天，把握现在这样的学习机会，人生就会有机会更加辉煌。只有下定了决心做自己最喜欢的事情，才会有更好的未来。另外，选择与努力同样重要，有什么样的选择就有什么样的结果，而正确选择的前提是你明确地知道自己想要什么。正如美国一句谚语所说的："当一个人知道自己想要什么时，整个世界将为他让路。"

读者点评

@宇宙恒星——南京公务员

2018 年熊市初期，有幸遇到翁量老师，登上“进化岛”，开始定投绩优股基金，用牛熊高度管理仓位，调整定投比例，在熊市中定心定志。两年多来，有两只绩优股基金定投收益超过 100%。定投路上有高人引路，我对未来更充满信心。投资是一场修行，我们终将富有。

@王晓萌——从事旅游业的日本华侨

这本书用简单易懂的语言配合案例，介绍了投资之道和老师独创的投资策略，可以经常拿来阅读，提升投资格局。作为 2 年新手，重仓基金能收获 80% 的涨幅，这是按照老师投资策略实践的成果。从最初追涨杀跌，到确立投资观、知行合一，这个过程离不开老师的提醒和指导。

@穆利东——某国有企业中层干部

跟随翁哥两年多，我理解翁哥的投资方法其实很简单：首先你要认同价值投资的理念，其次要有正确的方法。翁哥会告诉你精确的加减仓时间和比例，告诉你什么时候该逆向加仓，什么时候要急流勇退、适当减仓。这是一趟稳健、永动、一直向光明方向行驶的财富列车。

@岁月静好——成都某著名私立学校班主任

翁老师投资的思想理念、技术方法、胸襟情怀无不令我钦佩。跟随老师定投基金两年有余，总体收益率40%，虽比不上“进化岛”许多小伙伴，但已不甚欢喜。老师于我投资观念上的指引，日常修身养性上的熏染，格局见地上的提升，是再多金钱也买不到的。遇见翁大，余生我赚的不仅有钱，还有生活的幸福与诸事的幸运！

@亚健康——互联网行业数据分析师

随着基金定投概念的普及，越来越多的人走上了基金投资之路。但是，投资不能依赖运气，翁大的这本《指数基金投资攻略》，结构清晰，内容夯实，文字简洁，值得反复推敲。

@东篱巴人——投身家庭教育事业的全职妈妈

碰到翁量之前，我的投资收益率长期处于巨幅波动中，我不停地尝试各种投资策略，都徒劳无功，牛市熊市来回坐“过山车”。作为普通投资者，我只想尽可能让风险减小，投资收益增加。在按照牛熊高度进行基金定投，采纳牛熊市仓位管理策略后，三年基金定投收益率达到89%。

@周瑾——某国有企业宣传主编

在看本书之前，我跟随翁量老师在“进化岛”社群学习、投资了一年多，现在所投两只基金收益率均达100%以上。回顾这段历程，惊喜地发现自己作为“小白”，竟然也能做出“模糊但方向正确”的预测，并因坚持定投而获利，这得益于老师在关键时刻的引导。

@浩澎——某银行从业人员

2018 年 4 月开始，我在翁大的指引下，选基金从“大海捞针”到“精确制导”；定投从每月定时定额法到每周牛熊高度法；收益则从 2018 年的负数到如今的本金翻番。我在翁大的带领下，真正体验了一次书本上的微笑曲线，体会到了投资的快乐。我深刻认识到，投资的关键在于建立自己的操作系统，并一以贯之，同时要认识自己，理解人性的贪婪与无知。再次感谢翁大把我带入牛熊高度的世界。

后 记

2020年3月26日,《指数基金投资攻略》终于截稿了。

从构思到落笔，为使本书成形并最终面世，我付出将近3年时间的努力。一想到这本书即将和广大粉丝和读者朋友见面，能为他们提供些许帮助，心中便充满了幸福感。

十几年来，我走南闯北，学习各种投资方法，经常通宵达旦研究各种走势图，只为形成适合自己的投资系统。幸运的是，到目前，我已经把我的方法简化到两个数字指标：牛熊高度和定投比例。这两个指标普通人很容易操作，即使缺乏理论知识，也可以按照这两个指标，按部就班，动手赚钱。

2017年，我面临的问题是，脑袋里有不少干货，但是不知道如何输出，不知道用什么方法帮助更多的朋友。我对自己输出内容的要求就是简单，即用大白话把高深的方法说清楚，让更多的股市“小白”，不需要很高的文化水平，不需要很丰富的财经知识，也能分享中国资本市场发展的成果。

为了倒逼自己完成这本书，我创建了微信公众号：翁量攻略，把实战和投资思想实时发布出来，和很多“粉丝”成了朋友。“粉丝”所问的问题，无论是什么内容，我都很珍惜。有时因为忙碌，